青春文庫

折れない心をつくる
たった1つの習慣

植西 聰

青春出版社

はじめに――大人になっても人は変われます

今、この本を手にした人は、何か悩みがあるのかもしれません。

人間関係で苦しんでいるのかもしれません。自分の心が折れやすく、なかなか立ち直れないことを情けなく思っている人もいるでしょう。

しかし、そんな自分を責める必要はありません。

なぜなら、心が折れやすい人には、マジメな人や、優しい人が多いのです。心が折れやすい人だからこそ、相手の気持ちがわかりますし、心が折れやすい人だからこそ、そんな思いをしなくてすむように一生懸命にがんばるのです。

ですから、もしそんな自分がイヤだと感じている人がいたら、そんな自分を否定するのではなく、認めてあげてほしいと思います。

ただ、私はそんな人たちに、伝えたいことがあるのです。

それは、心が折れやすい人は、今でも十分に魅力がありますが、もし、もっと心を強くしたいなら、そのための方法がありますよ。考え方を少し変えるだけで、生きることがずいぶんとラクになりますよ、ということです。

強い心を手に入れると、人生の中でクヨクヨと悩む時間が少なくなります。誰かに対して恨みを抱いたり、「こんなはずじゃなかった」と悔やんだりする時間も減っていきます。

そして何よりも、自分自身のことが大好きになり、生きることが楽しくなっていきます。

この本が紹介するのは、折れやすい心を鍛えて、打たれ強い自分になるための考え方やエクササイズです。根本にあるのは、たった1つ、先もふれた「考え方を少し変えるだけで、人はこんなに大きく、自分でも驚くくらい変われる」という真実です。

人の心は、私たちが思っているよりもずっと柔軟に変化します。人間は、変われるのです。なりたい自分に、なれるのです。今は落ち込んでいる人も、来年の今頃は、いつでも明るい気分ですごしているかもしれません。

この本が、一人でも多くの人の助けになれば幸いです。

2章　なぜ折れやすいのか、意外な原因を知ろう

3章 無理にポジティブにならなくていい！

4章 自分の中の「へこたれない心」を呼び覚ます

5章 ちょっとヘコんだときの確実なヒント

6章　立ち直れなさそうな心に効くメニュー

7章　「視点」をシフトすれば人間関係に強くなる！

8章 脳のしくみを生かした〝高いハードル〟の越え方

9章 すぐ折れない心をつくる新しいアプローチ

10章 「折れない人」になる言葉の使い方

写真 trujom/iStock

文庫版のための序章

この〝生きづらさ〟はどこから？

「どうしてこんなに大変なんだろう?」と思ったら

ある女性は、ある大きなプロジェクトを頼まれたせいで残業が続き、さらに、厳しい上司に毎日叱られるという苦しい毎日を送っていました。

そのせいで恋人と会うこともままならず、趣味の登山に行く時間もなくなってしまったため、「もう、こんな毎日は嫌だ」と、退職を考えるようになりました。

しかし、その会社は、彼女が望んで入った会社でした。自由な時間がない今の環境はつらいものの、仕事自体は嫌いではないのです。

それでも、そのプロジェクトを無事に終えられるのかというプレッシャーもあり、心が折れそうになる日が、徐々に増えていきました。

一人でお風呂に入っているとき、「もう、辞めてしまおうか」と考えるときもありました。

そんなとき、ふと、登山部時代の友人からもらった年賀状にあった、こんな言葉を思い出しました。

「苦しいときは上り坂だよ」

登山では、上っているときは苦しいけれど、そこでくじけずに上り続ければ、その先には頂上の絶景が待っています。

また、苦しいからこそ、頂上についたときの達成感はすばらしいものです。

だからこそ、たくさんの人がわざわざ山に登るのです。

彼女はこの日以来、仕事がつらくなると、「苦しい時は上り坂」という言葉を思い出し、上司に叱責されたときも、落ち込まないようになりました。

いつも以上に大変な作業をまかされたときは、「来たな、上り坂！」と前向きな気持ちで受け止めて、心にネガティブな感情が増えないよう注意しました。

そして、そのプロジェクトが無事に終わったとき、彼女の仕事の実力は社内の誰もが認めるところになり、彼女自身も、大きな自信を得たのです。

苦しいときも気持ちの受け止め方ひとつで自分の成長につながります。

ただし、相手に悪意がある場合や、会社がもともと、社員を使い捨てる風潮がある場合は、この例はあてはまらないので、気をつけてほしいと思います。

「いつまで頑張ればいい？」……ゴールが見えないとき

次から次へとやるべきことが襲ってきて、常に何かに追われているような気持ちになってしまうとき、私たちはつい、ネガティブな気持ちになってしまうものです。

「締め切りまでに、終わるだろうか…」

「どうして私ばっかり、こんなに忙しい毎日なのか…」

「頼まれたとき、断ればよかった…」

不安は不満を呼び、その用事を自分に頼んだ相手や、手伝おうとしない周りの人たちにまで、恨みの気持ちを抱いてしまったりします。

しかし、そうなってしまったことを悔やんだり、誰かのせいにしても、状況はまったく変わりません。

大切なのは、まず、今の「大変」な状況を抜けだすことです。

そこでおすすめなのが、やるべきことをひとつひとつ、書き出してみることです。

不安は、その中身がよくわからないときに、大きくなります。

例えば、ゴールのわからないマラソンは、いつまで走る必要があるのか、先が見えないため、不安が大きくなり、そんなことを命じた相手への不満もふくらみます。

しかし、どんなに遠くても、ゴールやそこに辿り着く道順がわかっていれば、がんばる気持ちがわいてきて、なんとか辿り着こうとするものです。

仕事や家事もそれと同じです。

「大変」の中身がわからないと、心は不安になりますが、やるべきことがたくさんあったとしても、「あと何個やれば終わる」「このペースで続ければ、週末には一息つける」という見通しがあると、気持ちはネガティブな方向へは傾きにくくなるのです。

ですから、大変さに心が折れてしまいそうなときは、まず、やるべきことをひとつひとつ目に見える形にして、それを終えるための道筋をつけるといいのです。

そして、それが終わったら、がんばった自分をほめてあげるといいと思います。

さらに、余裕ができたら、次は同じようなことにならないよう、どうしても無理な頼まれごとは断るという練習をしてみるといいかもしれません。

「誰も感謝してくれないし」……空しくなったら

人間には生まれつき、「承認欲求」というものが備わっています。

承認欲求とは、他人から認められたいという気持ちのことで、誰にでも、多かれ少なかれ、あるものといわれています。

誰だって、ほめられればうれしいものですし、何かをがんばったときは、「がんばったね」「あなたってすごいね」「ありがとう」といった言葉をかけてもらいたいと思います。

これは、承認欲求が心の中にあるためです。

逆に言うと、がんばっても誰にもほめてもらえないとき、感謝してもらえないとき、さらにいうと、批判されてしまうとき、その人の心は承認欲求を満たされないために、ネガティブな気持ちを抱いてしまいがちです。

「こんなことなら、一生懸命やるんじゃなかった」

「誰にも認めてもらえないなら、もう辞めたい」

そんな気持ちになることもあるでしょう。

「私はよく、そういうことがある」という人は、人よりも少し、承認欲求が強いのかもしれません。

そういう人におすすめなのは、何かの仕事をするときに、「他人」からの評価ではなく、「自分」の中にうまくいったかそうでないかの基準を持つことです。

例えば、自動車メーカーの下請け会社で事務員として働くある女性は、毎日、一生懸命働いても、誰にもほめられない環境に嫌気がさしていました。

しかし、あるときから、**「昨日よりも何かひとつ、進歩する」**というルールを決めて、お茶をおいしく入れる方法を勉強したり、コピーの取り方を工夫したり、メールの返信のスピードを上げたり、「自分の成長」を仕事の目標にしたところ、働くことが楽しくなってきました。

それは、誰かがほめてくれなくても、「私は昨日よりも一つ、できることが増えた。そんな私って偉い」と自分で自分をほめてあげることができるようになったからです。

誰も感謝してくれなくても、楽しみを見つける方法はあるのです。

「昔はもっとがんばれたのに」……限界を感じるとき

盲目の歌手であるスティービー・ワンダーは、20世紀を代表するミュージシャンです。スティービーは生まれてすぐに視力を失いましたが、幼少期からピアノなどの楽器を学び、12才でプロとしてデビューしました。

彼の言葉に、次のようなものがあります。

「私にできるのは、私のできることについて、私ができるベストを尽くすこと」

スティービーは目が見えないことで、「他の人にできて、自分にはできないこと」がたくさんあったはずです。そんな彼が、目が見えない自分の「できない部分」に意識を向けていたら、きっと苦しい人生になっていたことでしょう。

しかし、彼は目が見える他の人と自分を比べることなく、今の自分が「できること」を探し、そのときにできるベストを尽くすことで、世界中の人々の心に勇気を与える数々の名曲を生み出しました。その前向きさが、計22部門でグラミー賞を受賞し、最も受賞回数の多い男性ソロ・シンガーになるという偉業につながったのです。

人は誰でも、つい、自分よりできる誰かと自分を比べるものです。

また、他人と比較しなくても、うまくいっていた過去の自分と今の自分を比べたりして、心を暗くしてしまいがちです。

しかし、どうしようもないことを悲しんでも、何も状況は変わりません。

目の見えないスティービーにも、たくさんのできることがあったように、完璧ではない今の自分にも、できることは必ずあるはずです。

よく考えてみれば、年を重ねて得たものだって、あると思います。

体力は落ちたけれど、広い視野で物事を見られるようになった。

記憶力は悪くなったけれど、人に対する寛容さを身に着けた。

行動範囲は狭くなったけれど、情報を教えてくれる人脈は広まった。

ないものに意識を向けるのではなく、今の自分が持っているものを探しましょう。

何も持っていない人なんて、世の中にはいないのです。

「自分なんて、この程度のもの」……力が抜けてしまうとき

仕事で怒られたり、資格試験に落ちたり、失恋をしたり、自分なりにがんばったのに思い通りの結果が出なかったとき、誰だって落ち込むものです。

そして、そんなことが続くと、「自分はこの程度の人間だ」と自信を失い、何かに挑戦することさえ、あきらめるようになってしまいます。

心が弱っているのです。

相手の期待に応えたい、求められた以上の結果を出したい、とがんばっていたからこそ、そうでなかったときの反動は大きくなります。

そのため、繊細な人、真面目な人、そして、なりたい自分の目標を高く置いている頑張り屋の人ほど、そのような状況に陥りやすいようです。

そういう人は、少しの期間でいいので、自分に対するハードルを下げることをおすすめします。

仕事で怒られたけれど、資格試験に落ちてしまったけれど、恋愛もうまくいかないけれど、まあ、いいじゃないか、と考えるのです。

世界を相手に活躍するある映画監督の言葉に、次のようなものがあります。

「何もなくていいんだ。人は生まれて、生きて死ぬ。これだけでたいしたもんだ」

彼は、交通事故に遭《あ》い、あと少し打ちどころが悪ければ死ぬ、という経験をしています。

彼がこの発言をしたのは、死を間近に感じたことで、「生きているだけですごいことだ」ということを発見したからなのかもしれません。

自分のことを情けなく感じるとき、自分を嫌いになりそうなとき、もう、こんな人生に価値なんてないと思ってしまうときが、人生ではときどき、あるものです。

そんなときは、「それでも、今日も生きている」と口に出して言ってみましょう。

命があることは、当たり前のことではありません。

どうしてもつらければ、休んだっていいのです。

命さえあれば、何度でもやり直しがきくのが、人生なのですから。

人と違う自分がイヤになったとき

離婚歴がある。

持病を抱えている。

親がいない。

学校に通っていない時期があった。

そんな風に、人には言えない自分の特性や、過去のできごとについて、悩みを抱えている人は少なくありません。

人づきあいがうまくいかない。

親との関係がうまくいっていない。

そんなことも、ある人にとっては、生きる希望をなくすきっかけになったりします。

そういう人に伝えたいのは、過去の自分のことは気にしなくていいということです。

自分をダメだと思っていた過去、そんな自分にコンプレックスを抱えていた過去は、

もう終わりにしましょう。

そして、「このままの自分で幸せになってもいいんだ」「このままの自分で幸せになる道を探そう」と決意するのです。

人は、その人が考えたとおりの人生を歩むものです。

どういう意味かというと、「元不登校児の自分なんて、社会では認められない」と思えば、その通りになり、「元不登校児の自分でも、社会で活躍できるし、幸せになれる」と思えば、その通りの未来を引き寄せることになるということです。

世の中の常識や、他人の言葉や、マスコミの伝えることは、気にしなくていいのです。誰だって、今の自分のままで、幸せになることはできるのです。

「サナギが終末と感じる瞬間を、蝶は始まりと感じる」という言葉があります。

今までの自分はサナギだったのかもしれません。

過去に苦しんだのは、サナギが終末を迎えて、蝶になるためだったのでしょう。

過去は変えられませんし、自分の個性を変える必要もありません。

今の自分のまま、幸せになる道があることを知ってほしいと思います。

序章のまとめ

□ 「苦しいときは上り坂」という考え方もある
□ 不安は、正体がわからないときほど大きい。
「目に見える形」にすれば対応しやすいので
書き出してみよう
□ 他人に評価されるのを待つより、
自分の中に基準を持つ
□ 人と比べるよりも、自分ができることに集中する
□ 年を重ねて得たものはたくさんある
□ どうしてもつらければ休んだっていい
□ 「自分なんて…」と思えてしまうのは
自分に価値がないからではなく心が弱っているから
□ 今の自分のまま幸せになる

この章で気づいたこと

1章

心を折っているのは、じつは自分だった？

「心が折れにくい」のはどういう人か

Ａさんと Ｂさんという二人の男性がいました。

同じ上司が、この二人に対して、

「資料にミスが多いぞ。気をつけるように」

と言ったとき、Ａさんは、

「申し訳ありません。これから注意します」

と言って、少し反省した様子を見せたあと、またいつもの様子に戻りました。

一方、Ｂさんは、Ａさんと同じように謝ったあと、ずっと思いつめた様子で、次の日は会社を休んでしまいました。


このように、**同じことを人から言われても、その人がどのように受け止めるかは、人によって全く違います。**

ある人の心は、他人からの何気ない一言や、ちょっとした態度によって、傷ついてしまいます。

一方、ある人の心は、人から何を言われてもほとんど影響を受けません。

同じ人間でも、そこには大きな違いがあるのです。

傷つきやすい人のことを、「心が折れやすい人」ということがあります。

木の枝を想像してみてください。

曲がった枝はまた元に戻りますが、折れた枝が元に戻ることはありません。

また、細い木の枝はすぐに折れますが、太い木の枝に同じくらいの力を加えても、簡単に折れることはありません。

つまり、心が折れやすい人というのは、細い枝のように、傷つきやすく、一度傷つくと、なかなかもとの元気な状態に戻りにくい人といえるでしょう。

どちらがいいとか、悪いとか、そういうことをいうつもりはありません。

ただ、**どちらが人生を楽に楽しく生きやすいかといえば、それは傷つきにくい人、他人の言葉にあまり気持ちを左右されない人だといえるのではないでしょうか？**

では、折れる一番の原因は？

心が折れやすい人は、ひとつのマイナスの出来事を、大きくとらえすぎてしまう傾向があります。

例えば、取引先の意地悪な担当者に嫌味を言われたとき、前向きな人は、「相変わらずあの人は難しいなあ。まあ、いつものことだからいいけどね」と笑い飛ばしてしまうのに対し、心が折れやすい人は、「またバカにされた。きっと次に行ったらもっとイヤなことを言われるだろう…」とマイナスのことを連想してしまうのです。そのため、心が折れやすい人は、一日の中で不安や心配に悩まされる時間が長くなります。

その考え方がエスカレートすると、初対面の人と知り合うことが怖くなったり、他人を信頼できなくなったりします。

どうして、そんなふうに心は傷ついてしまうのでしょう？

それは、人間には誰にでも「自分のことを認めてほしい」という気持ちがあるからです。

「あなたってすごいね」

「あなたと会えて嬉しい」

心の底ではそう言ってほしいのに、現実はその反対で、みんな自分のことなど関心がないように見えます。

そんなとき、理想と現実との間にギャップが生まれて、苦しくなってしまうのです。

それが、人の心が傷ついてしまう原因なのです。

マザー・テレサは、貧しい人たちを助ける奉仕活動を続ける中で、こんな言葉を残しました。

「この世で一番不幸なことは、飢えや病気ではない。一番不幸なことは、自分がこの世で必要とされていないと感じることである」

これは、貧しい人たちに限ったことではなく、現代の日本人も同じです。

「自分は必要とされていない」という気持ちを感じる機会が多い人は、ちょっとしたことで傷つきやすく、心が折れやすくなるのです。

自分の〝ポイント〟はどこかを知ろう

心が折れる原因は、人それぞれです。

仕事のことを言われると傷つくという人、外見のことを言われると傷つくという人、家族のことを言われて傷つくという人など、色々な人がいます。

自分はどのようなことを言われると、とくに傷つくか、考えてみたことはあるでしょうか？

自分は心が折れやすいという人は、ちょっとそれを想像してみるといいでしょう。

私が試しに質問をしてみると、多くの人が自分の性格のことや、仕事のことなどを話します。

「苦手な先輩から『仕事のミスが多い』と言われたときには、すごく傷つきました。一生懸命頑張ってるのに」

「落ち着きがないと言われるのが一番落ち込みます。自分でも気にしてるんですが、なかなか直らなくて」

「昔から身体が弱いので、ときどき体調を崩して会社を休むんです。上司が、『最近の若いやつは忙しいときに平気で会社を休む』と言っていたときは、きっと自分のことを言われているのだろうと思って、傷つきました」

「背が低いので、そのことをからかわれたりすると、ショックですね」

中には、他人から見れば、「え？　そんなことで傷ついてしまうの？　気にしなくてもいいのに」と思うようなことで、いちいち落ち込んでしまうという人もいます。

ある整形外科の先生と話したとき、こんなことを言っていました。

「顔にある5ミリ程度のキズを気にして、もう死んでしまいたいという人がいます。誰もそんなことは気にしていないんですが、本人から見れば大問題なんです」

しかし、誰もそれをバカにすることはできません。

みんな、それぞれに傷つくポイントは違います。そして、それが他人から見て同情されるようなこととは限らないのです。

そこがコンプレックスだから打たれると弱い

勘のいい人は、前の項目を読んで、心が折れる要因について、気づいたことがあるかもしれません。

それは、**人から言われて傷つきやすい部分というのは、自分が自己嫌悪を感じている部分、コンプレックスを感じている部分であることが多い**ということです。

その証拠に、頭がよくて、本人もそれを自覚している人に、

「君は頭が悪いね」

と言っても、大して気にしません。

それは、その人自身が自分の頭は悪くないと思っており、人から頭が悪いといわれても、「相手の見解が間違っている」と感じることができるからです。

一方、日頃から学歴コンプレックスがあり、「やっぱりムリしてでも、一流大学に行くべきだった…」と思っている人が、

「君はこんなこともわからないのか」

と上司から言われたら、どうでしょうか。

「やっぱり、私はバカなんだ。みんなもそう思って、私をバカにしてるんだ。悔しい。これから先もずっとみんなにバカにされるんだろうか」

というように、そのことを気にしていない人が同じことを言われたのと比べて、過剰に反応してしまうはずです。

そう考えると、私たちは自分自身が元から気にしていたり、「もっとこうだったらよかったのに」と思っているようなところを他人に突かれると、心にダメージを受けてしまうようです。

それは自分で日頃から意識しておらず、無意識的に感じていることや、思い込んでいることでも同じです。

つまり、自分はこう言われると傷つきやすい、という心当たりのある人は、もしかすると、その部分にコンプレックスを感じているからだと考えられます。

逆に言うと、**そのコンプレックスがなくなれば、傷つくことは少なくなる**といえるでしょう。

「自信が持てない」なんて珍しくない！

自分自身にコンプレックスが多い人は、「自己肯定感」が低い傾向にあります。

自己肯定感とは、「このままの自分で大丈夫」「自分自身が好きだ」と思う自分を評価する気持ちです。

もっとわかりやすくいえば、**「自分に生まれてきてよかった」と思っている人が、自己肯定感の強い人**です。

その人の自己肯定感が高いか低いかは、パッと見ただけではわかりません。

たとえば、周囲から見ると、地味な雰囲気で、性格が目立たない人でも、自己肯定感が高いと、ささいなことでは心が折れないものです。

そういう人は、自分自身に満足しているので、

「このままの自分でいい。特別なことをしなくても、自分は他人に愛されて、充実した人生を送ることができる」

と自然に思うことができます。

そのため、精神的におだやかで、すぐにメソメソしたり、反対にカリカリと怒ったりもしません。

逆に、自己肯定感が低いと、どんなに頭がよくて学歴が高くても、優れた能力があっても、自分に自信が持てず、ささいなことでも傷ついてしまいがちです。

ある研究チームが、世界中の中学生を対象に、こんな調査をしました。

「あなたは価値のある人間だと思いますか？」

「あなたには人並み以上の能力があると思いますか？」

というような質問をしたところ、アメリカや中国の子どもは50％近くが「はい」と答えたのに対し、日本の子どもで「はい」と答えたのは、10％にも満たなかったそうです。

つまり、**日本は世界的に自己肯定感の低い人間が育ちやすい場所だ**といえるのかもしれません。

現代の日本において、自分に自信が持てないということは、決して、珍しいことではないのです。

人生のハンドルを他人に預けていると……

自己肯定感の低い人の特徴として、他人に過剰に期待している人が多いということがあります。

別の言葉でいえば、彼らは自分が今、置かれている状況や、自分の周りの人間関係について、「こんなはずじゃなかった」という違和感を持っていることが多いのです。

ですから、私が彼らをカウンセリングすると、必ずといっていいほど、彼らの口からは他人や環境に対する不満が出てきます。

「私はもっと成功して、お金持ちになれるはずなのに、こんなに貧乏なのは、納得できない」

「部長はもっと私を認めてくれるべきだ。あの人の下で働くことになるなんて、私はツイていない」

ひどい人になると、カウンセリングの間中、ずっと他人や環境に対する恨み言を言っています。

「自分は全く悪くないのに、周りのせいで、思うような人生を生きられない」と感じているため、嫌なことがあるたびに、彼らは、

「やっぱり私はこの人のせいで幸せになれない。この人がいる限り、私は不幸だ」

というように考えてしまいます。そして、ますます落ち込んでしまうのです。


反対に、**自己肯定感の高い人は、他人に何を言われても気にならないし、どのような環境にあっても自分自身の価値は変わらないと考えています。**

そのため、自分以外の誰かに対する不満をあまり口にしません。

彼らはもし、何か嫌なことが起きても、それは誰かのせいではなく、自分自身に原因があったのであり、次からはそれを改められると信じています。

そのため、深く落ち込まないし、すぐに気分を切り替えることもできます。

まとめると、**嫌なことがあったときに他人のせいにしている人は心が折れやすく、反対に何があっても自分に原因があったと考える人は、立ち直りやすい**といえるでしょう。

最初から自分を嫌いな人はいない

人は生まれたときは誰でも、高い自己肯定感を持っています。

赤ちゃんはみんな、自分のことも、周りにいる人のことも大好きです。

それなのに、年を重ねるにつれて、だんだんと自分に自信が持てなくなる人が増えていってしまいます。

それは、なぜでしょう?

そこには、ちゃんとした理由があります。


最初のきっかけは、幼稚園などの集団生活の中で、「ありのままの自分が受け入れられなかった」という出来事を体験することです。

人は、他人と触れ合うことで、自分の思い通りにならないという経験を重ね、少しずつ自己肯定感にも影響が出てくるのです。

たとえば、友だちと一緒に遊びたいのに、仲間に入れてもらえなかったとしましょう。そんなとき、子どもは、

「僕は、友だちに一緒に遊んでもらえないから、きっと悪い子なんだ」

と感じます。

眠たくもないのに、昼寝をしなければならず、先生から、

「お昼寝の時間なのだから、寝なさい。遊んでいてはダメですよ」

と注意されるような体験も同様です。

それまでは好き勝手に生きてきたのに、集団生活の中でルールに従うことを覚えるうちに、人は、「ありのままの自分」ではいけないのだと感じ、自己肯定感も少しずつゆがんできてしまうのです。

このとき、繊細な子どもは心にいつまでも小さなキズを負うことになります。

そして、そのキズが癒えないうちに、また次の「否定された」という体験を重ねて、どんどん自己肯定感が低くなっていってしまうのです。

厳しい母親に育てられた子の心

集団生活の中で傷ついても、家に帰ってそれを癒してもらうことができれば、子どもの心の傷はすぐに治ります。

「お母さん、今日、僕は幼稚園でお友だちとケンカをしたんだ。僕なんて、幼稚園の嫌われ者なんだ」

と子どもがポツリともらしたとき、

「心配しないで。お母さんもお友だちも、あなたのことが大好きよ」

と母親がすぐに優しい言葉をかけてあげられれば、ダメージは快復するのです。

それが母親以外の誰かでもかまいません。

父親でも、おばさんでも、その子どものことを「そのままで大丈夫」と伝えることができる人が周りにいると、子どもの心は元気を取り戻します。

しかし、母親が厳しい家では、

「友だちがあなたを仲間に入れてくれなかったのは、あなたの方にも原因がある」

「あなたはワガママだから、お母さんもイヤになっちゃう」

というような言い方をすることがあります。

子どもはこのような経験を幾度となく重ねていくうちに、いつしか、

「こんな自分だから愛されないんだ」

と、自分を責めて、どんどん自分のことが嫌いになっていってしまいます。

そのため、**心が折れやすい人の中には、母親に厳しく育てられた人が多くいます。**

しかし、母親だって、一人の人間です。疲れているときには子どもに当たることがあっても、仕方ないともいえます。

間違いなくいえるのは、いまさらそのことを責めても何も解決しないということです。

そんな人にぜひ実行してほしいのが、

「あのときは、本当につらかったね」

と、自分で自分のこれまでの悲しみを受け止めてあげることです。

それだけでも、心を癒すことができます。

ネガティブな時間が長い人と短い人

折れやすい心を持っている人は、人生の中で悲しい思い、悔しい思いをしている時間が人より長いといえます。

本来、人は幸せな人生を望むものでしょうから、そういう人たちは自分の人生に対するあきらめや悔しさといった複雑な気持ちを心に抱えているものです。

しかし、過去の自分がどんなにつらい毎日を送っていたとしても、この先も同じ人生が続くとは限りません。

いつだって、人は自分次第で人生を変えられるからです。

何度も折れて、傷ついた心がもう元のように戻らないと思っているのなら、考えを改める必要があります。

心の傷も、体の傷と同じように、少しずつ治っていくものです。

すごく傷ついてしまったから、また傷つけられてしまったから、もう立ち直れない、自分の人生はずっと暗いままだと思う必要は全くないのです。

いつも笑顔でいられる自分になりたい。

小さなことは笑い飛ばせるような強い自分になりたい。

その人が本気でそれを望むなら、その願いは現実のものになります。

今まで何度もチャレンジしてきたのに、すぐにいつもの落ち込みやすい自分に戻ってしまったという人は、タイミングが悪かったのかもしれませんし、やり方が少しちがっていたのかもしれません。

そのときはうまくいかなかったかもしれませんが、あきらめなければ、必ず自分を変えていけますから、心配することはありません。

その証拠に、世の中にはもともとは細い枝のように心が折れやすかったのに、次第に心を鍛えて、今ではウソのように打たれ強くたくましくなった、という人たちが数え切れないほど多くいるのです。

1章のまとめ

□ 人の言葉にあまり気持ちを左右されない人のほうが人生を楽しめる
□ 「自分は必要とされていない」と感じていると、折れやすくなる
□ コンプレックスを刺激されると傷つくケースが多い
□ 「自己肯定感」を持っていると、折れにくい
□ 自己肯定感の低い人は、イヤなことがあると他人のせいにする傾向がある
□ 厳しい母親に育てられた人は、自分を責めがちになる
□ 悲しい、悔しいなど、マイナスの思いに費やす時間が多い人ほど折れやすい

この章で気づいたこと

2章

なぜ折れやすいのか、意外な原因を知ろう

「マイナス」を引き寄せていませんか？

人の心の中には、色々なエネルギーが渦巻いています。

大きく分けると、そのエネルギーはプラスとマイナスの2種類に分けられます。

その人の心にプラスのエネルギーが多ければ、その人は打たれ強い心の持ち主になります。

反対に、その人の心にマイナスのエネルギーが多ければ、その人はナイーブで傷つきやすい人になります。

この本を読んでいる人はきっと、傷つきやすいタイプの人だと思います。

ということは現在、心にはプラスのエネルギーよりもマイナスのエネルギーの方が多いのかもしれません。

きっと、今までつらいことがたくさんあって、

「どうして私ばかりこんな目にあうのだろう」

「自分がもっと強い人間だったらよかったのに」

などと考えるうちに、心の中にマイナスのエネルギーが増えてしまったのでしょう。

ここで注意したいのは、**心にマイナスのエネルギーが多い人は、マイナスの出来事を引き寄せやすくなる**ということです。

マイナスの出来事とは、悲しみや苦しみを伴うような出来事です。

もし、「私にばかりイヤなことが起こる」と感じている人がいるなら、それは心にマイナスのエネルギーがたまっているからです。

つまり、予想外のトラブルなども含めて、自分の身に起こることはすべて、自分自身が引き寄せているといえるのです。

このように、心にはエネルギーがあり、マイナスの状態でいると、なかなか幸せな毎日を送ることはできなくなってしまいます。

傷つきやすい自分を卒業し、打たれ強い自分になるには、心にプラスのエネルギーを増やし、心を鍛えていくしかないのです。

それが、今の弱い自分から強い自分へと成長するための、たった1つの方法です。

今の自分を否定しない！

この本を読んでいる人はきっと、自分を変えたいと思っているはずです。

それは可能です。

私は仕事柄、たくさんの悩める人たちの相談を受けてきましたが、本気で「今の自分を変えたい」と思い、そのための行動を積み上げてきた人たちは、見違えるように心が強くなり、表情もキラキラと明るくなります。

そして、「今の自分が大好きです」と堂々としているのです。

そうなることは、誰にでもできます。しかし、そのために必要なことがあります。

それは、心から本気で、

「自分は変われる」

「必ず、なりたい自分になる」

と信じて、決意することです。

それができたら、あとは現在の自分と理想の自分とを結ぶためにどうしたらいいかを考えて、それを実行していくことで、状況は少しずつ変わっていきます。

間違って欲しくないのですが、それは、今の自分自身を否定するということではありません。

「今の自分でもいいところはたくさんある。でも、この部分がこうなったら、もっと素敵な自分になれる」

と考えると、心にマイナスのエネルギーを増やすことなく、前に進んでいけます。

富士山の頂上に登ることは、健康な大人なら誰でもできます。しかし、実際に富士山まで行って、一歩を踏み出さない限り、永遠にその願望は叶わないままです。

それと同じで、

「理想の自分になったらいいなあ」

と、どこか他人ごとのような気持ちでいるだけでは、何も変わりません。

「理想の自分になる」と決意して、行動を始めることが大切なのです。

そのやる気がまた、心にプラスのエネルギーを増やすのです。

マイナス・エネルギーの持ち主からとにかく離れる

心の中の状態をマイナスからプラスへ変えていくためには、プラスのエネルギーを増やすと同時に、マイナスのエネルギーを増やさないことが大切です。

そのための方法として、

「自分がどのような場面で折れやすいのか」

を知っておくということがあります。


ある女性は、**特定の女友だちと会うと、自分の心がいつもマイナスのエネルギーで一杯になる**ということを発見しました。

その女友だちは、いつも彼女にライバル意識を持っていて、

「恋人ができた」と報告すれば、

「あなたは男を見る目がないから、どうせまたすぐふられるんじゃない?」

と不満げな顔で言います。

「ボーナスをたくさんもらったんだ。嬉しいな」

と言えば、苦笑いをしながら、

「正社員っていいわね。たいした仕事をしなくても、たくさんお金がもらえるから。私なんて派遣だから、正社員と同じ仕事をしても、給料は半分よ」

などと水をさすようなことを言います。そのため、彼女はその女友だちと会うたびに生気を吸い取られるような気になるのです。そして、彼女に何かを言われるたびに落ち込んで、自己嫌悪に陥ってしまうのです。

それは、その女友だちが、強烈なマイナスのエネルギーの持ち主だからです。女友だちから浴びたマイナスのエネルギーが、その女性の心までマイナスに傾けてしまっていたのです。それがわかってから、彼女は会う機会を減らしました。その代わりに、元気で明るいプラス思考の友だちと付き合う時間を増やしたら、心にはプラスのエネルギーが増え、落ち込む場面も少なくなったそうです。

自分の心にマイナスのエネルギーを増やす原因を探り、それを避けることで、心の状態をプラスに近づけていけるのです。

自分の気持ちに敏感になろう

人間の感情には大きく分けると、「喜怒哀楽」の4つがあります。

「喜」は喜び、「怒」は怒り、「哀」は哀しみ、「楽」は楽しみ、という意味です。

このうち、「喜」と「楽」はプラスの感情です。

「嬉しい！」

「楽しい！」

「ありがとう！」

このような感情を感じるほど、心にはプラスのエネルギーが増えていきます。

また、のちほど詳しく説明しますが、このような感情を言葉にすると、さらに大きなプラスのエネルギーが生まれ、自分にも周りの人にも明るいプラスのエネルギーを与えることができます。

逆に、「哀」と「怒」はマイナスの感情です。

このような感情が心に生まれると、心にはマイナスのエネルギーが増えていきます。そうなると、心は弱くなってしまいます。

ただし、「哀」は場合によっては、ストレートに表現しても許されます。例えば送別会や卒業式、お葬式などでは、「哀」の感情のままに泣いても悲しんでもいいのです。ストレス解消に役立つこともあるでしょう。

このような「哀」の感情は、プラスのエネルギーを持ってはいませんが、長く続かなければ、大きなマイナスにもならないのです。

注意したいのは、怒りの感情です。

怒りの持つマイナスのエネルギーは、莫大です。ときには、コツコツ増やしたプラスのエネルギーを一瞬にしてマイナスに変えてしまうような強い力を持つこともあります。

ですから、心をプラスにするためには、怒りの感情をいかに感じないようにするか、ということがポイントになります。

怒りやイヤな思い出を手放せるトレーニング

怒りの感情を胸に秘めている人は、心にマイナスのエネルギーが貯まりやすくなります。

マイナスのエネルギーはマイナスの出来事を引き寄せるため、そういう人たちは、常にイライラしやすく、ちょっとしたことで怒ったり、落ち込んで立ち直れなくなってしまったりします。

ですから、心の中に怒りの記憶があるという人は、それを手放すことが大切です。

「それができないから苦労しているのです」

という人がいるかもしれません。

そういう人は、あきらめないことです。以前は怒りの感情を忘れようとしてもムリだったかもしれません。

しかし、今日の自分がまた、忘れることができないとは限らないのです。チャレン

ジすることが大事です。

どうしても怒りの感情が手放せないという人には、心の底にあるつらい思い出を消し去るためのトレーニングを紹介しましょう。やり方は簡単です。

まず、忘れられない場面を、頭の中のスクリーンいっぱいに広げてください。

胸がギュッと締め付けられるでしょうが、ここで引き返してはいけません。

次に、そのスクリーンに映った映像を、白黒のイメージに変えてください。これだけでもう、リアルな感じはグッと薄れて、遠い過去の思い出のような雰囲気が出てくるはずです。

最後に、その白黒のスクリーンを小さくしていきます。イメージとしては、頭のずっと奥の方に引っ込んでいく感じです。ぐんぐん小さくなったら、最後に、「思い出よ、さようなら。私は今日からあなたを忘れて、幸せになります」と言って、その映像を遠くに投げてしまいましょう。投げる先は青い空や海でもいいですし、高いところから下に向かって放るのでもかまいません。

文字で見ると大変そうに見えますが、やってみると簡単で、すぐにできます。

これを続けるうちに、心の奥にあったイヤな思い出は確実に薄れてきます。

「今の自分のままでOK」と言ってみる

心理学に「自己承認」という言葉があります。

ありのまま、そのままの自分を認めてあげるという行為のことをいいます。

生きていくうえで「自己承認」ができている人とそうでない人では、自分自身に対する評価に大きな差があります。

どちらのほうがいいかといえば、自己承認ができているほうがいいのです。

自己承認ができている人は、何があっても、「自分はこのままの自分でいい」と思うことができます。

一方、そうでない人は嬉しいことがあれば「今日の自分はいいぞ」と思うことができるのですが、そうでないときは、「どうせ私はいつもツイてないんだ」と自分の運のなさを嘆いたり、自分を責めたりしてしまうのです。

自分は自己承認ができていないという人は、毎日、鏡に向かって、

「私は今のままで十分に魅力的である」

「このままの私で、愛される価値がある」

と声に出して言うエクササイズをすると、自己承認ができるようになってきます。

それと同時に、うまくいっているときだけでなく、思い通りにものごとが運ばないときも、

「大丈夫、大丈夫。このままの自分で乗り越えていける」

とつぶやいてみてください。すると、

「もっとがんばらないと自分は認められない」

「このままでは誰からも愛されない」

と、マイナスに考えているときに比べて、心にプラスのエネルギーが多くなってくるために、自信がわいてきます。

最初は恥ずかしいかもしれません。しかし、続けるうちに自分を信頼する気持ちが強まってくるでしょう。

笑顔がプラスのエネルギーを増やす

笑顔には、心の奥底にある潜在意識を引き出す力があるといいます。

あるサッカー選手が、試合でミスをしても笑っていたことがありました。

その理由を尋ねられたその選手は、

「メンタルトレーニングを担当してくれているカウンセラーから、「『失敗したときは、笑いましょう』と指導していただいたからだ」

と答えていました。

試合中に失敗したときに、

「しまった！　失敗した」

という苦しそうな顔をすると、脳にはその表情を通じて失敗したという記憶が強く印象づけられます。

すると、そのあとも失敗を引き寄せやすくなるのです。

反対に、失敗したときも笑顔でいると、脳がその失敗はなかったように把握するのです。そして、失敗して動きが小さくなるようなことを防げるのです。

また、メジャーリーグの野球選手が、試合中にガムをかんでいることがあります。日本人から見ると行儀の悪い行動に思えますが、それにも訳があります。

それは、ガムをかむことで口を動かし、顔の筋肉をゆるい状態にして、脳の状態をよくするということです。

この方法は、スポーツ選手だけでなく、普通の人も使うことができます。

心理学には、「楽しいから笑うのではない。笑うから楽しいのだ」という言葉があります。

日頃から笑顔でいる時間を増やし、ちょっとしたことでへこんだときにもできるだけ笑顔を保つようにすることで、心にはどんどんプラスのエネルギーが増えていきます。

この本を読み終えたら、形だけでもかまわないので、鏡の前で口角を上げてみてください。すると、マイナスの感情が、サッと去っていくのを感じられるはずです。

厳しすぎる自分を見直す

心が折れやすい人には、完璧主義者が多いようです。

彼らの心にはマイナスのエネルギーが多く存在します。

「ここがうまくいかなかった」

「もっとこうすればよかったのに」

というふうに、普段から足りないところばかりに目がいって、他人や自分を責めてしまいがちだからです。

完璧主義の人の特徴に、何をするにも100点満点を目指すということがあります。

彼らは手を抜いたり、間違えたりするのは許されないと思い、完全にやり遂げないと気がすみません。

そのため、100点満点中、80点でも不満を持ってしまいます。目標の8割しか達成できなかったのだから、明らかに失敗だったと思い込んでしまうのです。

何かをやるたび、「失敗だった」と思えば、心はどうしてもマイナスのエネルギーが増えます。

それだけならまだしも、**身近な人にも同じように完璧を求めるようになり、他人の欠点を見つけて攻撃的になってしまうこともあります。**

そうなると、周りの人からは、

「あの人は厳しくて、近寄りがたい」

というイメージで見られてしまいます。

この悪循環を断ち切るには、「ほどほどでいい」という考えを持つことが効果的です。

そのためには、完璧を目指すのではなく、90点くらいを目指すといいでしょう。

すると、完璧ではなくても、

「まあ、いいんじゃない」

「なかなかいい感じ」

というプラスの感情を感じる機会が増えて、心にもプラスのエネルギーを増やしていくことができます。

人に話しかけられることが増えるヒント

「人見知りな性格なので、心の状態をいくらプラスにしても、人間関係で傷ついてしまうことはなくならないと思います」

などと、生まれつきの性格のせいにして、最初から自分が変わることをあきらめている人がいます。

確かに、性格は、生まれもった部分が大きいといえます。

ですから、心の状態を変えても、人見知りな性格は、あまり変わらないかもしれません。

しかし、だからその人がずっと、この先も傷つきやすく、あきらめやすい人間のままなのかといえば、それは違います。

心をプラスのエネルギーで一杯にすると、考え方に大きな変化が訪れるからです。

性格が人見知りでも、勇気を出して気になる人に声をかけることができるようになるなど、行動できる範囲が広がるのです。

また、**心の状態が変わると、周囲から見たその人の印象が大きく変わるので、周囲から話しかけられる機会も増えるでしょう。**


ある女性は、人前に出るとすぐに赤面するアガリ症でしたが、教員になることが夢だったため、赤い顔でもいいと開き直って、教育実習をしました。

最初、彼女には、「私はアガリ症だから、人前で話すことはできない」という不安があったのですが、自分に「大丈夫、大丈夫」と声をかけ続けることで、なんとか無事に教育実習を終えることができました。

この経験は彼女に「やればできる」という自信を与えてくれました。

口下手でも、赤面症でも、アガリ症でも、いいのです。そんなことは関係ないのです。

どんな性格の人でも、心にプラスのエネルギーを増やせば、強い心を持った人間になることができます。

それを信じることが大切です。

2章のまとめ

- □ 自分の心にマイナスのエネルギーが多いと、マイナスの出来事や人を引き寄せてしまう
- □ プラスエネルギーを増やしたいからといって、自分を否定するのは逆効果
- □ プラスの人とつきあい、マイナスの人とは距離を置こう
- □ 「怒り」はマイナスの最たるもの。「怒りの記憶」を手放すトレーニングを！
- □ 心にプラスエネルギーを増やす行動を実践する
- □ 完璧主義をやめる

この章で気づいたこと

3章

無理にポジティブにならなくていい！

その〝ポジティブ・シンキング〟は大丈夫？

物事をポジティブに考えれば、人生が楽しくなるという説があります。
悲しいことなんてない。すべてはいい経験になるから。
苦しいことなんてない。すべては自分の成長につながるから。
だから、つらいことがあってもいつでも笑っていよう。
というような理屈です。

確かに、それは間違いではありません。気持ちの切り替えが上手な人は、そのように発想を転換することで、心が折れることを防げることもあります。

しかし、全員が全員、ポジティブ思考で幸せになれるわけではありません。また、心が折れやすい人はそう考えられないのです。

ポジティブ思考は悪いことではありませんが、その意味を間違って解釈すると、そ

れがかえってその人を苦しめることになってしまうのです。

どういうことかというと、ポジティブにならないと幸せになれないと思っていると、それができなかったときに、かえって落ち込んでしまい、傷を深くしてしまうということです。

「何があってもポジティブに考えると決めたのに、それができないなんて自分はなんてダメな人間だ」

「常に前向きな思考を持たなくては、絶対に幸せになれない」

そんなふうに、ポジティブでいることがプレッシャーになってしまうと、逆に心にはどんどんマイナスのエネルギーが増えてしまいます。

誰だって、年がら年中、ポジティブでいられるわけではありません。

人間ですから、ムカッと来るときもありますし、気分が落ち込むときもあります。

感情は、完璧にコントロールできるものではないのです。

ですから、ときには一晩中落ち込んだり、泣いたりするときがあってもいいのです。

マイナス感情にフタをしなくていい

悲しい気持ち、悔しい気持ち、情けない気持ち。

そんなマイナスの感情が心にわいてきたときは、

「ああ、自分は今、悲しんでいるなあ」

というふうに、客観的に自分の心を見つめてみましょう。

「落ち込んではいけない」

「悲しんではいけない」

と、その気持ちにふたをする必要はありません。

人間が生きている以上、様々な感情が生まれるのは当然のことです。ずっと嬉しい、楽しいという感情しか感じない人なんて、いません。

いつも元気に笑っている人も、ときには落ち込むこともあるし、泣くこともあるのです。彼らは、それを人前でオープンにしていないだけなのです。

ですから、悲しみや苦しみといった感情が心にわいてきたときは、
「自分は人間らしい人生を生きているなあ」
と考えるくらいでちょうどいいのです。

ただし、心が慢性的にマイナスの状態になってしまうことには、少々問題がありま
す。一時的に落ち込むのは自然なことですが、いつまでもずっと落ち込んでいるのは、
心にマイナスのエネルギーを増やし続けることになってしまいます。

ですから、何かつらいことがあったときなどは、最初のうちはその感情を開放しな
がらも、少しずつ心をマイナスからプラスへと変えていけるように意識するといいで
しょう。

どうしても気分が浮かないときには、

「今日は徹底的に落ち込んでもいい日にしよう。人に会うのはやめて、部屋の中の掃除をしよう」

というふうに、決めてしまうのもいい方法です。このほうが、「落ち込んではダメだ」
と自分にプレッシャーをかけるよりも早く、立ち直れることもあります。

ポジティブ思考が向かない人

人の考えや心のあり方は複雑です。悩みの種類もさまざまです。それなのに、「ポジティブ思考」というひとつの型にあてはめようとすれば、どうしても無理がでてしまいます。

相性もあります。ポジティブに考えて運気をあげるという方法は、ある人たちにとっては非常に有効でも、ある人たちにとっては逆効果になるということがあるのです。

ポジティブ思考に向いているのは、もともと、自己肯定感がある程度高く、少し考え方を変えるきっかけさえ与えてもらえれば、あとは心の中のプラスのエネルギーでどんどん成功していくタイプの人たちです。

反対に、**ポジティブ思考が向いていないのは、マジメで「こうしなければいけない」というようなルールにとらわれる考え方をする人です。**

聞いた話なのですが、日本刀は、他の刃物に比べて、非常に折れにくいのだそうです。なぜかといえば、しなる性質を持っているからだそうです。強い力が外から加わっても、しなることで、その力を受けながすことができ、折れないのです。日本刀だけでなく、柳や竹など、よくしなるものは、簡単には折れません。人間もこれと同じです。しなる心は、外部からの圧力が加わったときに、折れずにいられる強さを持つことができます。

そのためには、自分を枠にはめすぎないことです。**今のままの自分を認めてあげたり、できない自分を許してあげることで、その強さは身につきます。**

本当はポジティブ思考がしたいのに、なかなかできないという場合も、そんな自分を認めてあげましょう。

それができると、ストレスに強い柔軟な心を作っていくことができます。

本に書いてあることをそのまま自分に当てはめない

ポジティブ思考をすすめる本を読むと、

「自分の可能性にふたをするのはやめよう」

「目標は大きなほうがいい」

「夢は、あきらめなければきっとかなう」

というような言葉が並んでいます。

私は、これを否定する気はありません。

どの言葉にも真実が含まれていると思います。


ただし、心が折れやすい人が、勇気を出してエイヤッといきなり大きな目標にチャレンジした場合、うまくいかなかったときに必要以上に落ち込むことになるので注意が必要です。

目標に向かって努力するのはよいことですが、そのときに肩に力を入れすぎると、うまくいかなったときに、自分を責めることになってしまうのです。

「やればできると書いてあるのに、自分にはできない」

「やっぱり、私にはムリな夢なんだ」

そんなふうに、せっかくがんばったことを否定的に考えてしまうことにもなりかねません。

ですから、**心が折れやすい人が目標に向けてチャレンジするときは、がんばりすぎないよう、少しずつ段階的に目標を上げながら、前に進んでいくのがいいのです。**

そして、努力する途中では、小さな成果でも自分をほめて、心にプラスのエネルギーを増やすことが大切です。

「全部はできなかったけど、ここまでできた」

「少なくとも昨日よりはよくなっている」

同じポジティブでも、そんなふうにのんびりしたペースなら、心にかかる負担は少なくなります。

負のスパイラルから抜け出せる考え方

繰り返しになりますが、ポジティブに考えるのは、悪いことではないのです。

落し物をしたときに、「あれは寿命だったんだ。手放すことでもっといいものを手に入れるチャンスだ」と考えるなど、もうどうしようもないときに、自分を元気づけるために、ポジティブ思考が効果を発揮することがよくあります。

ただし、**ポジティブに考えてもどうしても解決できない問題というのは、存在します。**

そのひとつが、相手が存在する問題です。

例えば恋人からの電話やメールの回数が減ってきたときのことを考えてみましょう。

「きっと彼は今、仕事で忙しいから、連絡をくれないのだろう」と、ポジティブに受け止めて、何の対策も打たないとしたら、どうでしょうか。

もしかしたら、恋人は何か不満があって、連絡をよこさなくなったのかもしれないのです。

その場合は、ポジティブに考えて、何の対策も打たないという方法より、「もしかしたら、何か私に対して不満を持っているのかもしれない」と考えて、次のデートでそのことをさりげなく聞いてみたり、自分の態度を少し改めるなど、対策を立てたほうがいいのかもしれません。

ポジティブに考えて何もしないでいれば、自分はそれで落ち込まなくなるかもしれませんが、相手の気持ちまで思いやることはできないのです。

ですから、そのような相手がいる問題で、ポジティブ思考をあてはめるのは、注意したほうがいいといえます。それより、ちゃんと問題を受け止めて、どうすればいい方向へ向かうのかを真剣に考えたほうが、望む結果を得られる可能性が高まることがあるからです。

そのときは、原因を探して自分を責めたり、相手を責めたりするのではなく、「どうなってほしいか」に焦点をあてて、作戦を立てることが大切です。

「こうしたら、喜んでくれるだろう」という考えに基づいて行動すると、心は楽しくなってきます。

ムリに前向きにならなくても状況は変わる

「祇園精舎の鐘の声、諸行無常の響きあり」

というフレーズを知っている人は多いと思います。鎌倉時代の古典『平家物語』の書き出しの部分です。

ここに出てくる「諸行無常」という言葉は、

「すべてのものは生まれては消えていき、絶えず変化している。変わらないものなどは存在しない」という意味です。

私たちは、イライラしたり、不幸なことが立て続けに起きると、

「これから先もずっと、同じ状態が続くに違いない」

と勘違いしてしまいます。

しかし、時間が流れている以上、同じ状態が続くはずがないのです。

3年前の自分は、どんなことに苦しんでいたでしょうか？

今考えると、その悩みは、なんだか小さなことに見えませんか？

もっとさかのぼって、20年前の自分はどうだったでしょう？

「あの頃の自分は友だちとケンカしただけで、一晩中眠れないほど悩んだけれど、今思えば、たいしたことではなかったな。昔に比べると、自分は色々な経験をして、成長してきたなあ」

というような気分になるのではないでしょうか？

今、抱えている悩みも、それと同じで、数年後の自分から見たら、小さな問題になっているかもしれません。

そう考えると、「焦らなくても、いいか」と思えてくるものです。

ポジティブ思考で、無理やりに心の向きを変えるのではなく、こんなふうに、自分の頭と心で感じたことに対して、自然と気持ちを変えるやり方の方が、長く続けていくことができるでしょう。

解決しなくていいことも沢山ある

ムリにポジティブに考えるより、物事を淡々と受け止めたほうが、平穏な気持ちでいられるということがあります。

何か問題が生じたとき、多くの人はそれを解決してくれる答えがあると信じて疑いません。

しかし、問題の答えは、ひとつだけとは限りません。

さらに言えば、答えが「ない」ことが答え、ということもありうるのです。

たとえば、自宅で家族と一緒にテレビを見ていたとき、いきなりテレビが故障したとします。

「もう！　せっかく好きな番組を見てたのに」

などと、イライラして怒っても、すぐにテレビが直るわけではありません。

「この前、調子が悪いと思ったとき、修理に出せばよかった」

と自分を責めても仕方ありません。

そんなときは、単に一言、

「このテレビは古かったし、どんな物でもいつかは壊れるものだよね」

という、事実をそのまま受け止めるのが一番いいのです。

世の中には考えてもどうしようもないことがけっこうあるものです。

それなのに、その理由を追い求めたり、なんとか事態を変えようと悪あがきをすることは、時間のムダともいえます。

ありのままの事実を受け入れることは、「もういいや、どうにでもなれ」という投げやりな気持ちをもつのではありませんし、「考えるのはバカらしい」という無関心な態度ともちがいます。

あくまでも冷静な気持ちで淡々と、目の前の事実を受け入れ、「こういうこともある」と納得することなのです。

眠れないときの「逆説療法」

落ち込んでしまったとき、がんばって気持ちを立て直そうとしても、逆効果になってしまう人がいます。

「このまま落ち込んでいたら、マイナスの出来事を呼び寄せてしまう」
「早く前向きな気持ちに切り替えなければ」

と考えるのですがうまくいかず、「このままじゃダメだ」という思いが強まってしまい、結局、心にはマイナスのエネルギーが増えてしまうのです。

自分がそういうタイプだと思う人は、いっそのこと、落ち込んだときは、

「気がすむまで落ち込んでいよう」

と開き直ってしまうのも一案です。

心の病気をなおすときに使われる心理学の手法に**「逆説療法」**というものがありま

す。

その療法では、例えば眠れないうつ病の患者の人に、お医者さんが、

「眠ろうと思うから眠れなくなるのです。眠ることは気にせず、好きなことをしていなさい」

と指導します。

ふとんに入ったら5分で眠りに落ちるという人は、何か特別なことをしているでしょうか？　していないはずです。「眠ろう」とすら考えてもいないでしょう。

ここに、この療法のポイントがあります。

なぜ、「眠ろう」とする義務感を完全に忘れると眠れるのでしょうか？

それは、眠りに対する執着心がなくなると、心と身体がリラックスするからです。

これと同じように、「落ち込んではいけない」とやみくもに考えても、なかなか気持ちを切り替えることはできません。

そういうときは、「もう、どっちでもいいや」「落ち込みたいなら落ち込めばいい」と考えるといいでしょう。

ポジティブ思考に対する執着を手放すことで、気持ちが楽になるはずです。

理想を下げてみる絶大な効果

ポジティブ思考をすすめる本によく書いてあることの一つに、「高い目標を持つ」ということがあります。高い目標を掲げると、それをクリアしたときの達成感が大きいし、やる気も出るというのがその理由です。

しかし、やみくもに高い目標を立てることは、ときには心にマイナスの影響を及ぼすので注意が必要です。

不景気で、サラリーマンになっても先が見えているせいか、「絶対に年収1億円を超える実業家になる」などと高い目標を掲げ、起業にあこがれる若者もいます。

もちろん、理想が高いというのは、決して悪いことではありません。

しかし、あまりに理想が高すぎると、その理想と現実のギャップに苦しんでしまうこともあります。

現在の自分と理想の自分との間にあまりにも大きな差がありすぎて、かえって落ち込むことにもなりかねません。

ですから、目標を立てるときには、最初から一気にゴールを見すえるのではなく、まずは中間地点を目指してみるという方法をおすすめします。

「こんな高い目標をクリアするのは無理かもしれない」という状態から、「この目標なら、今の自分自身でもクリアできるような気がする」という状態へ変えてみるのです。

すると、心がプラスに切り替わり、現実を受け入れる余裕ができます。

ポジティブ思考は、「できないと考えることをよくない」と考えます。しかし、実際に、今すぐにはできないこともあるので、そこにゆがみが生じるのです。

現実が理想にほど遠い状態で落ち込んでしまうなら、発想を切り替えて、理想を今の自分に近いものに変更すればいいのです。

大切なのは、心を平穏に保てるような方法で、目標を追いかけていくことです。

3章のまとめ

- □ ポジティブ・シンキングを盲信しない。
  マイナス感情を毛嫌いしなくていい
- □ 「～しなくてはいけない」に縛られすぎず、
  完璧ではない自分を許してあげる
- □ いきなり高い目標を掲げず、
  小さな目標からクリアする
- □ いまの問題を、「5年後の自分」の視点で見てみる
- □ 解決なんてできない問題もある、と知る
- □ ときにはポジティブ思考を手放すことも効果的

この章で気づいたこと

4章

自分の中の「へこたれない心」を呼び覚ます

他人に合わせすぎなくていい！

折れにくい心を作るための方法のひとつに、「他人の基準で自分をはかるのをやめる」ということがあります。

心の病のひとつに「過剰適応」があります。どういう症状かというと、その名のとおり、必要以上に自分以外の周囲に合わせようとしてしまうのです。

その症状になると、

「頼まれたら、イヤと言えない」

「どんなことも求められたことは100パーセント完璧にしなくては、と考えてしまう」

「周りの人から好かれるためならなんでもやる」

というふうに、自分以外の誰かのために、とにかく夢中でがんばろうとします。

そんなふうに思うことは、大変すばらしいことだと思います。しかし度が過ぎると自分のストレスになります。その結果、うつ病になってしまう人もいれば、頭痛や円形脱毛症など、ストレスが体に出て病気になってしまうケースもあるのです。

そうならないためには、常に他人を優先するという考え方を捨てることです。

この病気は、努力家で、自分より他人のことを優先する人たちによく見られる症状です。

この「過剰適応」になりやすい人たちは、学校や職場、友だちとの関係は良好で、頼りがいのある存在と慕われています。

しかし、その心の中は、「他人に嫌われたらどうしよう」「他人に認められなければ生きている価値がない」という不安で一杯です。彼らは、他人のために本当に自分が感じている気持ちや「こうなりたい」と望んでいることをムリに押さえつけて、周りの人が期待している役割を一生懸命に演じています。

そんな人たちに言いたいのは、**「他人に合わせて生きる必要はない。自分の心に従って生きたほうがいい」**ということです。

他人とよりも〝自分との約束〟を優先する

心の中のへこたれない自分を呼び戻すためには、心の中にプラスのエネルギーを増やしていくことが大切です。そして、プラスのエネルギーを増やすために有効なのが、自分のことを好きになることです。

自分という存在は、自分の人生に常につきまとっています。24時間、かたときも離れることができないのが自分なのです。

ですから、自分自身のことを好きになれば、好きな人とずっと一緒にいることになり、楽しい感情、嬉しい感情などがわきやすくなるのです。こうなると、常に心の中がプラスの感情で満たされている状態になり、少しくらい落ち込んで心がマイナスに傾いても、すぐにプラスの状態を取り戻すことができるのです。

心が折れやすい人というのは、たいていの場合、自分に自信がありません。

そのため、心には常に「こんな自分ではだめだ」というような不安があり、自分自身でマイナスのエネルギーを増やしてしまいます。

ですから、**折れにくい心を作るためには、日頃から自分のことを好きになるような行動を心がけ、実践していくのが大切です。**

そのための方法のひとつが、**自分との約束を優先する**ということです。

自分に自信がない人は、無意識のうちに自分よりも他人を大切にしようとしがちです。

そのため、「この日は映画を観に行こう」と決めて、ずっと前から楽しみにしていた週末の予定を、たいして親しくもない友人の「ねえ、買い物につきあってくれない？」というような一言で簡単にキャンセルしてしまったりします。

もちろん、それもたまにならいいのです。しかし、いつもいつも自分との約束を破って他人を優先してばかりいると、自分のやりたいことをいつも我慢している状態になり、心にはどんどんマイナスのエネルギーがたまっていってしまいます。

そういう人にいいたいのは、「誰にでも、誘いを断る権利はある」ということです。

「その日は、予定があって行けないんです。またの機会に誘ってください」

と言ったところで、相手から悪く思われることはありません。

自分の「できる部分」に目を向ける

折れにくい心を手に入れるためには、自分を好きになることが大切であると述べました。そこで大切なのは、**何かできないことがあったときに、それにとらわれすぎないようにする**ということです。

自分に自信が持てない人は、自分の「できないこと」ばかりを見て、「あれもできない」「これもできない」と自分を責めながらイライラ怒ったり、情けない気持ちで落ち込んだりします。そういう時間が多くなればなるほど、心にはマイナスのエネルギーが増えていきます。

しかし、何でも完璧にできる人間なんてこの世には存在しません。誰にだって苦手なことはあるものです。

ですから、何かできないことにぶつかったときは、「最初からうまくできなくて当たり前」というふうに考えましょう。

「今はできないけど、できるまでコツコツと努力をすればいい」

「まずは簡単なことからはじめて、次第に難しいものにチャレンジしていこう」

と考え、できそうなことから少しずつ積み重ねるのです。

苦手なことにぶつかるたびに、心の中に溢れていた、

「こんなこともできないなんて、自分はなんて駄目な人間なんだ」

「こんなことができないと、周りの人からバカにされるんじゃないか」

というような感情は、思い切って捨ててしまいましょう。

誰にでも得意なこと、苦手なことはあります。苦手なことがある自分を責める必要はありません。

自分を責める代わりに、「苦手だけど、少しずつやってみよう」と考えるようにすると、心に生まれるエネルギーはマイナスからプラスへと変わります。

そしてチャレンジをする途中で比較するのは、他人ではなくあくまでも自分です。

「昨日できなかったことが、今日はほんの少しできた。自分は成長している」と考えるようにすると、心にプラスのエネルギーが生まれ、自分自身を強くします。

自分からアクションを起こすと……

自分に自信が持てないという人の話し方を観察していると、

「誰か、私のことを愛してくれる人はいないかな」

「面倒なことは、○○さんがやってくれればいいのに」

といったような、受け身な発言が多いようです。

たとえば、あるＯＬの女性の例をみてみましょう。

朝、会社に到着したときに、誰もあいさつをしてくれませんでした。

「みんな感じが悪いな」とイライラしつつも、

「他の誰かがあいさつしてくれれば、私もあいさつするのになあ」

と思いながら、彼女は黙って席につきました。

また、彼女は会議中にあるアイディアを思いつきました。

「これを発表したら、喜んでもらえるかもしれない。でも、まだ誰も発言していないから手をあげにくいなあ」

と考えていたら、新人社員がサッと手をあげて、自分が思いついたアイディアと同じことを話し始め、上司からほめられました。聞いているうちに、

「私だって同じことを考えてたのに、あの人だけほめられるなんて悔しい」

と、イライラした感情がわきあがってきました。そしてその日一日、彼女の心はマイナスの感情で一杯でした。

これは、依存的な人の典型的な思考パターンといえます。

彼らの特徴は、**周囲や相手の反応をうかがってばかりで、自分から動き出そうとはしていない**ということです。あいさつをしてほしいなら自分から「おはようございます」と声をかければいいのです。会議で発言したいなら、発言をうながされるのを待つのではなく、自分の方から手をあげればいいのです。

欲しい結果を手に入れるには、ただ待つより自分から行動を起こす方が早道です。

シンプルですが、心にプラスのエネルギーを増やし、自信を持つためのいいきっかけになります。

自分を苦しめる言葉を捨てる

ふだん、自分に語りかける言葉が、その人の自信を作り上げていきます。

逆に、心が折れやすい人というのは、自分自身を責めてしまいがちです。

そのため、中には「ダメな人間」「バカな私」「いつも失敗ばかり」「たいしたことない人間」といった具合に、自分に否定的な言葉ばかり語りかけてばかりいる人がいます。

当然、そういう人の心はマイナスのエネルギーが増えていきます。

ですから、**自分を痛めつけるような言葉を言うことがあるという人は、今すぐにそれをやめましょう。**

どうしてもそういう言葉が心に浮かんでしまうとしても、口に出してはいけません。言葉として発言することで、マイナスのエネルギーは大きくなってしまうからです。

ですから、自分を責める言葉が浮かんできたときは、静かに深呼吸して、その気持ちを受け止めるようにしてください。それだけで、自分を責める言葉を口に出していたときより、心に与えるダメージは小さくなります。

それができるようになったら、次はプラスの言葉を使って、自分を責める感情そのものを小さくしていきます。

「完璧とはいかなかったけれど、大失敗でもなかったから、今回はこれでいい」

「うまくいかない原因がわかったから、次はうまくいく」

などという言葉を自分に投げかけることで、心にプラスのエネルギーを作り出すのです。

これからは、注意深く自分の言葉を観察しましょう。

そして、**もしも自分に否定的な言葉を語りかけてしまったら、肯定的な言葉で言い直すようにしてください。**

これを繰り返せば、だんだんと自分の自己肯定感は高まっていきます。

すると、自分に自信が持てるようになり、プラスのパワーが増えて、イライラや怒りの感情が入り込む余地がなくなるのです。

一ついいから「本当に好きなこと」を始める

他人の評価で自分の価値をはかっている限り、いつまでたっても、自分に自信を持つことはできません。

なぜなら、今回は相手にほめられたとしても、次はそうではないかもしれないからです。そのため、他人に言われた言葉によって、自分の心のエネルギーがプラスになったりマイナスになったりする人は、心が安定しないのです。

そんな人が自分を好きになるために効果的なのが、何かひとつでもいいので、**「本当に自分がやりたいこと」を始めてみる**ことです。それも、一回で終わることではなく、趣味として続けられることを始めると、さらにいいでしょう。

しかし、中には「自分のやりたいことがわからない」という人もいるかもしれません。そういう人は、今日、外出したら帰り道に、大きな本屋さんに寄ってみてください。そして、店の中をグルグルと歩き回ってみてください。

大型書店には、たくさんのジャンルの本がありますから、その中にはきっと、自分の心が「面白そう！」と思えるようなものも見つかるはずです。

ある女性は本屋を探索中、「山歩き」をテーマとした雑誌や本が並んでいるコーナーで足が止まりました。

表紙の写真を見ていたら、「自然の中を歩くって気持ちいいだろうなあ」という気持ちがわいてきたので、その本を買って帰りました。

今までなら、そこで終わりだったかもしれませんが、「自分を変えたい」と思っていたので、本の中に出ていた登山サークルに連絡をとり、次の週末には近くの山にハイキングに行くイベントに参加しました。

そのイベントが楽しかったので、それ以降、週末ごとに近くの山に出かけるようになりました。そのたびに、彼女の心にはプラスのエネルギーが増えていきました。そして、いつの間にか落ち込みやすい性格まで克服できたのです。

それは、山に登ることで、いつも心をプラスの状態にすることができるようになったからです。


心を強くするためには、好きなことをするのが一番なのです。

誰にも会わない時間をつくる

折れにくい心を育てるためには、日頃から自分が「気持ちいいなあ」と思う環境にいる時間を増やすのが効果的です。

なぜなら、心地いい環境に身をおくと、何もしなくてもそれだけで心にはプラスのエネルギーが増えていき、ちょっとのことではへこたれない心を築いていくことができるからです。

とくに最近のビジネスパーソンは、いつも忙しくて、一人で静かにすごせる時間が一日の中でほとんどないという人が多いようです。一日の大部分をストレスの多い職場ですごし、家には寝に帰るだけというような暮らしをしていては、心はいつまでも休まりません。普段すごしている場所がリラックスできない状態だと、それだけで心にはマイナスのエネルギーが増えていってしまいます。会社にいる時間が長ければ長いほど、疲れやすく、精神的にも落ち込みやすくなるのは、そのような理由があるのです。

ですから、**最近、とくに疲れていると感じたら、意識的に一人の時間をつくるようにするといいでしょう。**

ある営業マンは、金曜日の夜は仕事を早めに切り上げます。そして、自宅にはまっすぐに帰らないで、好きなカフェで一人になります。本を読んだり、店にかかっているBGMに耳を傾けたり、次の週の予定を立てたりして、リラックスしてすごします。この習慣を生活に取り入れたことで、生活の中からストレスが減り、ムリをしないでも笑顔で人に接することができるようになったそうです。

彼のように、人に会い続ける仕事はとくにエネルギーを消耗します。

「常に人に見られている」というのは、人間にとって大きなストレスなのです。

カフェだけでなく、自分がホッとできる場所なら、ホテルのロビーでも公園のベンチでもいいのです。大事なのは、心がリラックスできる場所ですごす時間を増やすことです。

人と比べるなら「プラスの比べ方」をする

心が折れてしまう原因のひとつに、自分と誰かを比較して、自信を失ってしまうということがあります。

幸せそうな人を見て、

「私もあの人のようになれるようにがんばろう」

と考えるのは、とてもいいことです。

しかし、その反対に、幸せな人を見るたびに、

「あの人はいいなあ。外見も素敵だし、仕事もできる。それに比べて自分はどうだろう…。何のとりえもない…」

というふうに、自己嫌悪に陥ってしまうようなら、その考え方は改めた方がいいでしょう。

どんなに努力しても、他人の人生を生きることはできません。

これまでと同じように、自分はこの先もずっと、自分自身の人生を歩んでいかなければならないのです。

ですから、他人をうらやましく思うのは、やめましょう。

その代わりに、**他人の素敵に見えるところを参考にして、もっと素敵な自分になれるように、何か行動を始めてみるようにするのです。**

今度、幸せそうな人を見たら、

「あの人はなぜ、あんなに自信満々なんだろう。どうしてあんなに、幸せそうなんだろう」

というふうに、**その人が素敵に見える理由を観察してみましょう。**

他人をうらやましがるのをやめて、自分を素敵にすることに焦点をあてると、心の状態もマイナスからプラスへと変わります。

そして、発見した幸せになるためのポイントを自分自身に取り入れていけば、どんどん成長していくことができるのです。

開き直ってでも「自分らしさ」を大切にする

折れやすい心を持つ人は、繊細です。繊細すぎるがゆえに、他人の言葉に傷つき、自分を責めるのです。

私が彼らに言いたいのは、

「もっと開き直っていい。もっと、自分らしさを大切にしていい」

ということです。

自分らしさを大切にするとは、具体的にはどういうことでしょうか？

それは、**他の人がなんと言っても、**

「私はこれが好き」

「僕はこれをしているときは、楽しくてしかたない」

というようなことのために、時間を費やすことでしょう。

現代の日本人は、いつも何かに追われています。時間があるように見える専業主婦でさえ、子供の学校行事の準備や、家事などで、毎日忙しくて、自分のための時間を作るのは難しい、といいます。そんなめまぐるしい日々の中で、自分が楽しいと思うことをする時間を確保するのは、簡単ではないかもしれません。

しかし、簡単ではなくても、時間を確保するのです。なんとか、時間をやりくりして、自分らしさを取り戻すための時間を、捻出してください。

ある男性は、こんなことを言いました。

「僕にとって、子供の頃から続けている空手は大切な趣味です。仕事に追い立てられて、空手をする時間がなくなったとしたら、何のための人生かわかりません」

その男性は、外資系の非常に忙しい会社に勤めているのですが、仲間の誘いを3回に1度は断るなどして時間を捻出し、空手道場に通っています。

そして、その充実した時間が彼の心にプラスのエネルギーを増やし、心を強くしているのです。

4章のまとめ

- □ 「他人に好かれているか」で自分を評価しない
- □ 自分よりも他人を優先しすぎていないか、チェックしてみよう
- □ 「できない」ことよりも「できる」ことに目を向ける
- □ 「あの人が～してくれない」より、「あの人に～したら喜ぶだろう」
- □ 自分を痛めつける言葉を使わない！
- □ 理屈ぬきで好きなこと、楽しいことを始める
- □ 誰にも会わず、一人になれる時間をあえてつくる
- □ 「うらやましがるために他人と自分を比べる」のをやめ、「自分に生かすために比べる」
- □ 「私以外の誰が、私らしさを大事にできるのか」と、いい意味で開き直る

この章で気づいたこと

5章

ちょっとヘコんだときの確実なヒント

グチを言う代わりに深呼吸する

ちょっとへこんだとき、ついグチを言ってしまう、という人が多いようです。

しかし、グチを言っても解決することは何ひとつありません。

むしろ、マイナスの言葉を発することで心にマイナスのエネルギーが増えてしまい、自分のツキを落とすことになります。

しょっちゅうグチばかり言っている人は、周囲からも「この人はまたグチを言ってるのか」と呆れられてしまうかもしれません。

ですから、グチはできるだけ言わないほうがいいのです。


そこでおすすめしたいのが、**グチを言いたくなったら、少し黙ってから、深呼吸をする**という方法です。

感情が高ぶっているときは、自分の予想以上にネガティブな言葉が口からあふれ出してくるものです。それを防ぐために、とにかく一度、黙って口を閉じるのです。できれば、目も閉じます。すると、気持ちが静かに落ち着いてきます。

人間ですから、グチを言いたくなるときはあるものです。しかし、いつもグチばかり言って、問題を周囲の人にせいにしている様子は、周囲からはあまりにも幼稚に見えます。

ですから、グチを言うのがクセになっている人は、グチを言いたくなったとき、まずは黙ることを心がけてみてください。

そして、気持ちが落ち着いたら、散歩に出かけたり、ストレッチをしたりして、気分転換をして、心の中のマイナスのエネルギーを少しずつ減らしていきましょう。

その行為を少しずつ習慣にして、日常生活の中でグチを言う機会を減らしていくと、徐々にグチを言わなくても平気な自分になっていきます。

すると、心にプラスのエネルギーが増えることになるため、心がどんどん強くなっていくのです。

「リフレッシュできるアイテム」を用意しておく

少し心がへこんだときに大切なのは、その出来事について、深く考えすぎないということです。悲しいことを思い出せば、心にはどんどんマイナスのエネルギーが増えてしまい、マイナスの出来事を呼び寄せます。ですから、落ち込んだときこそ、すぐに気分転換をはかっていつもの自分を取り戻すことが大切なのです。

そのためには、「これがあれば大丈夫」というような**自分にとっての「元気が出るルール」を決めておくといいでしょう。**

例えば、次のような方法があります。

- 目をつぶって深呼吸する
- 体内のマイナスのエネルギーを吐き出すように大きく息を吐き出す

・両腕を頭上に伸ばしてストレッチをする
・あらかじめ書いておいた、自分からの励ましのメッセージを読む
・自然の豊かな場所を散歩をする
・目を閉じて、「大丈夫。できる。自分は落ち着いている」など、肯定的な独り言をつぶやく
・鏡に向かって微笑む

心が折れそうになったときに、ただそのまま流れにまかせるか、ちょっとした工夫ですぐに元気な自分を取り戻せるか。最初の段階での分かれ目がその後の心境に大きな違いを生みます。

ちょっと心がへこんだときは、自分で応急手当ができるよう、色々な気分転換の方法を試してみるといいでしょう。

「マイナス要因」を紙に書いて捨てる

心の中にマイナスの感情がわきあがってきたときに、その気持ちを消すために効果的な方法があります。

やり方は簡単です。

マイナスの感情が生まれる要因を紙に書き出して、燃やしてしまうのです。

例えば、取引先の担当者に厳しい言葉を投げられたことで、仕事に対する自信が崩れてしまいそうになったときは、次のようにするといいでしょう。

「人の言葉に振り回される弱い自分」

「どうしようもないことをクヨクヨ気にする自分」

「取引先の○○さんを憎らしく思う器の小さい自分」

そのような言葉を紙に書いて、読み上げたら、火をつけて燃やしてしまうのです。

紙が燃え尽きたら、

「弱い自分は、燃えてしまった。さあ、もう大丈夫だ」

と口に出して言ってみると、心にプラスのエネルギーがわいてくるのを感じることができるはずです。


このやり方を試してみた女性が、こんなことを言っていました。

「私の場合、時間にルーズな自分がイヤでした。それで、紙に『約束を守れない自分』と書いて燃やしました。燃えていく紙を見ているうち、自分が生まれ変わっていくような気がしました」

彼女はその日以来、約束の時間に遅れることがなくなったようです。ウソのようですが、本当の話です。

シンプルな方法なので、拍子抜けする人もいるかもしれませんが、やってみると、効き目は意外と早く訪れます。

火が嫌いな人は、紙を破いて捨てるという方法でもかまいません。

自分を変えたいと思っている人にはぴったりのやり方といえます。

体を動かすと自然に気分が変わる

マイナスの感情で心が一杯になりそうなときは、何か別の用事を作って、そちらに集中するという方法で、気分を切り替えることができます。

今、するべきことに集中して取り組めば、マイナスの感情がどんどんわいてくるのを防ぐことができます。

一番のおすすめは、体を動かすことです。

人は、運動をしているとき、たくさんの筋肉などを使うため、脳がそちらに意識をとられて、別のことを考えられなくなります。

フィットネスジムでのトレーニングやダンス、ランニング、水泳、山歩きなどのエクササイズはもちろんですし、ちょっと公園やコンビニまで歩く、エレベーターでなく階段を使う、自転車で移動するといったことでも気分は驚くほど変わります。体をリズミカルに動かしたり、テニスやゴルフなどで目の前のボールを打つことに集中しているうちにイヤなことを忘れ、終わった頃には気持ちがスッキリしていることがよくあります。

インストラクターを見ながら体を動かすヨガやピラティス、ダンスのようなエクササイズも、気持ちの切り替えに効果的です。

料理やそうじ、部屋の片づけなどもいいでしょう。

ある女性は、イヤなことがあると、ケーキを焼くそうです。

生地を力強くこねているうちに、マイナスの気持ちがどんどん消えて、食べる頃には、すっかり気持ちが切り替わっているということでした。

このように、**体を動かしたり、手を動かしたりする必要のある動作をするとき、人の意識は自然とそのことに集中します。**

集中できれば、イヤなことを忘れることができます。

頭でいくら考えても気持ちを切り替えることができないという人には、おすすめの方法です。

「成長日記」をつける

うまくいかないときは、自分が同じ場所をグルグルと回っているだけで、まったく前に進んでいないような気がするものです。

そして、

「あんなにがんばったのに、前とちっとも変わっていない」

と感じることは、心にマイナスのエネルギーを増やし、心から粘り強さを奪うことにもつながります。

そんな状態が長く続けば、やる気はどんどん失われ、結局、途中であきらめてしまうことになります。そうなれば、また自信を失ってしまい、心にはさらにマイナスのエネルギーが増えてしまうのです。

そんな悪循環を断ち切るために効果的なのが、自分が主役の「成長日記」をつけることです。

やり方は簡単です。毎日、自分が「成長した」と思えるようなことを書き留めていくのです。

「いつもより早起きをして、余裕を持って会社に出かけることができた」

「先輩から注意をされても落ち込まず、気持ちをすばやく切り替えることができた」

そんなふうに、小さなことでもいいのです。探してみれば、そんなふうに自分の成長を感じられるようなことが、毎日いくつかは見つかるはずです。

成長した自分を探しているとき、心にはプラスのエネルギーが増えていきます。

また、何か落ち込んだことがあったときに、その記録を見ることで、

「私はちゃんと前に進んでいる。だから、心配しなくても大丈夫」

と自分を勇気づけるきっかけにもなります。

一日ひとつ、昨日までと違うことをする

自分を変えたいという人は、毎日の生活パターンを少しだけ変えてみるといいでしょう。新鮮な体験は、思いがけず自分の心を喜ばせて、心にプラスのエネルギーを増やしてくれるものだからです。

例えば、いつもより少し早起きして、何本か早い電車に乗って会社に行ってみる。

通勤・通学のルートを変えてみる。

いつも仲間と一緒にランチをしていたのをときどきお休みして、たまには一人で食事をしてみる。

読んだことのない雑誌を読んでみる。

そんなふうに、新鮮な体験をするチャンスは、たくさんあるはずです。

それも面倒だという人は、久しぶりの友だちに電話をしてみるといった小さなことでもいいのです。

大切なのは、**昨日までとは違う何かをしてみる**、ということです。そうすることで、イヤなことがあった過去の自分と、現在の自分とを意識の中で切り離すことができるからです。

意識しないでいると、朝起きてから夜寝るまで、生活はワンパターンになってしまいがちです。イヤなことがあった日と同じパターンの一日を送ると、「また、イヤなことがありそうだ」と心は感じてしまうことがあるのです。

そんなことを防ぐためにも、今日から始める新しいことを、生活に取り入れるといいのです。新しいことを始めると、気持ちがリフレッシュされて、心にプラスのエネルギーが増えるというメリットもあります。

気持ちが明るくなればいいことが起こるということは、すでに述べたとおりです。

心の状態を変えるためのちょっとした行動が、その後の自分に大きな変化をもたらしてくれるかもしれません。

共感してくれる人に聞いてもらう

人は自分の言葉に共感してもらうことで、ストレスをやわらげることができます。

「今日、つらいことがあったんだ。実はね…」

そう自分がグチをこぼしたとき、友だちから、

「それは大変だったね」

「あなたはよくやってるから、次はきっと大丈夫だよ」

という言葉をかけてもらうことで、心が折れるのを防ぐことができるのです。

ですから、そういうタイプの人がいるなら、ときどき電話したり、一緒に食事をするなどして、元気をわけてもらうといいでしょう。ふだんからこちらが誠実に接していれば、ときどきグチを言っても相手は怒らないはずです。

もちろん、相手から相談を持ちかけられたときも、時間がある限り、聞いてあげるといいでしょう。

そのときに、注意してほしいことがあります。

人は他人の話を聞くときに、「共感」することよりも、「解決」することに重きをおきがちです。

「会社の上司が厳しくてつらい」と相手がグチをこぼしたとき、

「そういう上司こそ、自分を成長させてくれるありがたい存在だと思って、前向きにがんばるしかないよ」

と、つい説教っぽくなってしまいます。しかし、それでは、言われた方の心はスッキリしません。

ですから、こういうときはその問題を解決しようとせず、相手の気持ちに寄り添ってあげることを意識しましょう。

励ますことより、

「それは大変だったね」

と一緒に苦労を分かち合ってあげる方が、相手を癒す効果はあるのです。

相手を癒すことで自分も癒されるのです。

「やってみたいことリスト」を作る

落ち込んだときに、自分を元気づける方法のひとつに、「やってみたいことリスト」を作るということがあります。

「毎朝10分、ヨガをしてから会社に行く」
「楽器を習い始める」
「旅先で話せるように、英会話の勉強を始める」
「夏休みにハワイに行く」
「独立してお店を開く」

など、他人に迷惑をかけないことで、やってみたいことなら、何をいくつ書いてもかまいません。

どんなに強い思いでも、頭の中で思っているだけだと、いつの間にかその情熱は消えてしまいます。

しかし、**実際に文字にして、その内容をいつも目に触れるようにしておくと、脳は常にそれを見るたびにワクワクして、そのためにどうすればいいかを考えるようになるため、叶う確率はぐんと高くなります。**

これを書いた人たちは一様に、

「心がどんどんワクワクしてくるのがわかった」

と言っています。つまり、楽しい未来を思い描くことには、人を幸せにするパワーがあるのです。

やってみたいことリストを書いている途中で、「やっぱり面倒だな」「ムリかもしれない」という不安な思いが強くなるかもしれません。しかし、そこで書くことをやめないでください。そこで引き下がっては、今までの自分から変わることはできません。

あまり大げさに考えず、手帳の1ページに「やってみたいことリスト」のページを作ってみるといいでしょう。毎日眺めていると、それが本当に叶うような気分になってきます。

すると、挑戦する勇気もわいてくるのです。

5章のまとめ

- □ ついグチを言いたくなったら、深呼吸する
- □ 元気がでる「マイ・ルール」を用意しておく
- □ マイナス感情が生まれる要因を書きだし、紙ごと燃やしてしまう
- □ 体を動かすなど、目の前のことに集中し、マイナス感情がわかないようにする
- □ 毎日、「成長日記」をつける
- □ 小さなことでもいいから、新しいことをしてみる
- □ 「やってみたいことリスト」を貼っておく

この章で気づいたこと

6章

立ち直れなさそうな心に効くメニュー

偉人のようにできなくても、言葉を思い出すだけでいい

パナソニックの創業者である松下幸之助氏は、幼い頃から体が弱く、貧しい境遇に生まれました。成功の秘訣を尋ねると、次のような答えが返ってきたといいます。

「学歴がなかったおかげで、人から教えてもらうことに抵抗がなかった。体が弱かったおかげで、部下を信じるしかなかった。そして、部下ががんばるので、会社が発展した。

家が貧しかったおかげで、わずかなお金が嬉しくて仕事を続けることができた」

つまり、彼は普通の人から見たら不幸になるしかないような境遇を、すべて前向きに捉えることで、心をプラスに保ち、成功を遂げたのです。

さらにいえば、彼は8人兄弟でしたが、自分以外の7人が肺結核で死んでしまうと

いう悲しみも子供時代に経験しています。それでも、「自分はなんて不幸なんだ」とは考えませんでした。

このことから、幸せや不幸はその状況ではなく、その人の心が決めるのだ、ということがわかります。

すぐに幸之助氏のような考え方をするのは難しいかもしれません。しかし、つらいときに、このような偉人がいたと思い出すだけでも、心に小さな光が灯《とも》るのではないでしょうか？

ある男性は、どうしても入りたかった会社の入社試験に落ちてしまいました。

しかし、彼はそこで落ち込まずに、別の小さな会社で必死で努力して、トップの成績をあげる営業マンになりました。

そして2年後、最初に入りたかった会社の中途採用の試験に臨み、無事に合格しました。自分の夢をあきらめずに、別の会社でがんばった成果が評価されたのです。

「もうダメだ」と思ったときは、逆境をバネにして夢を叶えた過去の偉人たちのことを思い出してみてください。

「5年後の自分」から今の自分を見てみる

人は、日に日に成長しています。

毎日、たくさんの経験をして、そこから学びを得ることで、心も少しずつ強くなっていきます。

「自分はメンタルが弱いから、成長なんてしてないと思う」

という人もいるかもしれませんが、決してそんなことはありません。

5年前の自分がどんなことで悩んでいたかを思い出してみてください。

「なぜ、あんなことで夜も眠れないほど悩んでたんだろう?」

と笑いたくなることもあるのではないでしょうか?

なぜ、過去には苦しかったことが、今思えばたいしたことがないと思えるかというと、その間に自分自身が成長したからです。

それと同じで、今、自分が抱えている悩みも、5年後の自分から見たら、たいしたことのない悩みに変わっている可能性は高いといえます。

そこでおすすめなのが、

「5年後の自分から、今の自分はどんなふうに見えるだろう?」

と想像してみることです。

それができたら、次は、5年後の自分から今の悩める自分へ、何かアドバイスの言葉をかけてみてください。

「あなたは今、つらいかもしれないけど、その悩みには必ず解決策がある。まずは、一人で悩まないで、○○さんに相談してみたら?」

そんな言葉が聞こえてくるかもしれません。

今、目の前にあることで頭が一杯だと、それがとんでもなく大きな問題のように錯覚してしまいます。しかし、未来から見れば、そんなことはないのです。

5年後の自分の力を借りて、悩みを小さくしてしまいましょう。

悩みが小さくなり、気持ちが軽くなると、解決策も見つかりやすくなります。

「あの人ならどうするかな？」と考える

物事がうまくいかずに悩んでしまったとき、何があってもへこたれない人をイメージしながら、

「こんなとき、あの人ならどうするだろう」

と考えることで、気持ちを切り替えられることがあります。

例えば、性格のきつい同僚に、

「あなたの声を聞いてると、なんだかイライラする」

と言われ、傷ついたとします。

そんなときは、深く落ち込んでしまう前に、どんなときにも元気でおおらかな知人を思い出してみてください。その知人なら、どんな対処をするでしょうか？

「あの人なら、何を言われても5分後には忘れて別のことに夢中になってるだろう」

「あの人なら、他人から何を言われても右から左に聞き流して、落ち込むようなこと

はないだろう」

そんな考えが浮かんでくるかもしれません。

そうしたら、自分がその人になったつもりで、その考え方をまねしてみましょう。

すると、

「こんなことでいつまでもムカムカしてるなんてバカバカしいな。やらなきゃいけないこと、いくらでもあるし」

「べつに私の声がおかしいわけじゃない。イライラしてたか虫の居所が悪かったか、何か私に気に入らない部分が他にあるのか、あまり気にせずにしばらく冷静に様子を見てみよう」

と思えるようになるでしょう。


そういうときのために、日頃から、**身の周りにいる、強い心を持っている人たちを観察してみる**のをおすすめします。

彼らがいつも平常心でいる理由を探ることで、落ち込みかけたときも心のバランスを崩さずにいられる強い自分を作ることができます。

何度も思い出してムカムカするとき

心が折れやすい人の特徴として、**失敗したことや、誰かに失礼な態度をとられたことなど、自分の心がダメージを受けた出来事を、何度も何度も思い出してしまう**ということがあります。

それが誰が考えても傷つくような大きな出来事なら仕方ないのですが、心が折れやすい人は、「そんなの、気にすることないのに…」と周囲の人が思うようなちょっとしたことでも、気にしてしまいがちです。

しかし、改めて言うまでもなく、つらいことを何度も思い出して考えることは、心にマイナスのエネルギーを増やすことになってしまいます。

こういう悪循環を止めるために効果的なのは、

「自分の心に浮かんでくる悲しみや悔しさといったすべての感情は、他人ではなく自分自身がつくり出している」ということを、自覚することです。

「この感情は私自身が作り出しているのだ」と考えることができると、それだけで気持ちは軽くなるはずです。

そして、それができたら次に、自分自身の置かれた状況を冷静に見ることを意識しながら、

「本当に、これはずっと落ち込む必要があることなのか？」

と自問自答してみます。

すると、

「そんなに落ち込むほどのことではない」

という客観的な事実が浮かび上がってきて、気持ちが落ち着いてくるでしょう。

心に浮かび上がってくる感情をそのまま放っておくと、噴水のようにマイナスの感情が溢れてきて、最初は少し落ち込んでいただけだったのに、いつの間にか大きな心の傷になってしまうことがあります。

それを防ぐためには、早い段階で自分を冷静に見つめる機会を持つことが大切なのです。

「いいこと探し」をしてみる

どうしようもなく落ち込んだときに気持ちを切り替えるためには、「いいこと探し」をするのが効果的です。

「いいこと探し」とはその名のとおり、自分の身の周りにあるいいことを探してみるのです。

ふだん、何気なく過ごしているときは気づかなかったような小さないいことも、意識してみると意外とたくさん見つかるものです。

どんなに小さなことでも、「いいことが起きた。ラッキー」と思うことができれば、きちんと心にはプラスのエネルギーが生まれます。ですから、気分が沈んだときには、できるだけ早い段階で、いいこと探しを始めましょう。

「いつも混んでる帰りの電車で座れた」

「通りすがりに入ったお店でキャンペーンをしていて、安く買えた」
「初めて話した同僚と趣味が合うことがわかって盛り上がった」
「上司が『数が少ないから今いる人だけで分けて』と、老舗のお菓子をくれた」
「たまたま入ったレストランで好きな曲が流れていた」
「いつもわりと重たい空気の会議が、自分の発言をきっかけに盛り上がった」
「いつもは怖い上司の機嫌がよかった」

探してみれば、そんな小さなラッキーが、一日の中にいくつもあったことを思い出せるのではないでしょうか。

自分自身ではいいことを見つけるのは苦手、という人は、誰かと一緒に「いいこと探し」をしてみるのもいいでしょう。

自分は決して不幸なのではなく、意外とラッキーな人間なんだと気づくと、ちょっとしたイヤなことは気にならなくなります。

心がマイナスに傾きかけたときは、自分が喜べることや楽しいと感じることを意識的に探すようにしましょう。

「ファンタジーマップ」を作ってみよう

つらいことがあったときは、どうしてもそのことばかり考えてしまうものです。

例えば、失恋したときは、大好きな人と過ごした楽しい時間を思い出して泣いたり、なぜ相手は心変わりをしたのだろうと何度も考えたり、あのときああすればよかったと悔やんだりします。

それは、ある意味、仕方のないことです。ある程度の期間は、悲しいという気持ちを開放してしまうのがいいでしょう。

しかし、それがいつまでも続くようだと、問題です。心にマイナスのエネルギーが増え続け、ますます自分の心を弱めてしまうからです。

そんなとき、気持ちをリセットするのに効果的なのが、「ファンタジーマップ」（私の造語）を作ることです。

ファンタジーマップとは、写真を使って自分の夢ややりたいことなどを、具体的に表現したものです。やり方は、簡単です。

まず、大きな紙の真ん中に自分の写真を貼ります。

次に、自分の写真の周りに、自分が叶えたい夢を示すような写真をネットや雑誌などから選んで貼っていきます。

旅行が好きな人なら、行ってみたい場所やホテルの写真を貼ったりするといいでしょう。家が欲しい人は理想の家の写真を貼ります。

結婚願望のある人は、新婚旅行の場所や結婚式場の写真を貼っていきます。

大切なのは、自分の心と脳に、「私の目標は、こうなることですよ」と伝えてあげることです。

ファンタジーマップを作ったことのある人たちに話を聞いてみると、多くの人が、

「自分のやりたいことを考えていると、幸せな気分になった」

「書いているうちにワクワクしてきて、暗い気持ちが吹き飛んだ」

と言います。

〝犯人〟が見つかっても幸せにはなれない

つらい出来事があったとき、多くの人は、

「どうして、自分がこんな目に遭わなきゃいけないのか」

と思いながら、自分を苦しめている犯人探しをしようとします。

「気まぐれな上司が悪い」

「思いやりのないあの人が悪い」

そんな風に、人のせいにすると、なんとなく解決したような気にもなります。

しかし、**犯人が見つかったとしても、実際には何も解決しません。**

それどころか、憎しみが募ったり、そのような出来事を引き起こした自分を情けなく思ったりして、心にどんどんマイナスのエネルギーが増えていってしまいます。


誰かに対する恨みを持っている人で、幸せな人はいません。

健康でお金があって、家族に恵まれている人でも、誰かを心から憎んでいると、心にマイナスのエネルギーが常にうずまいているために、いずれマイナスの出来事を引き寄せてしまうのです。

クリスチャンでもある作家の三浦綾子さんは、若い頃から多くの病気にかかりました。

しかし、自分ばかりどうして病気になるのだろう、と犯人探しをすることはしませんでした。その代わりに、この病気が自分に何をもたらしてくれるのだろうと考え、病気をするたびに新しい発見と成長があったといいます。

その結果、「自分は神様にえこひいきされているのではないかと感じる」と語るほど、病気ばかりしている自分を愛せるようになりました。

原因を探すのではなく、その試練が自分に何を与えてくれるのかというように、視点を変えることで見えてくるものがあるかもしれません。

最悪のケースを想定してみる

物事がうまくいかないときは、不安や恐怖が心の中に増えていくものです。

「結婚したかった恋人にふられた。こんな人生、もうたいしていいことなんてないだろう」

「仕事で失敗をしてしまった。上司の期待を裏切ったから、昇進はムリだな」

そんなふうに、あれこれと悪いイメージがわいてきて、心の中はマイナスのエネルギーで一杯になります。

そんなときは、**「このままもっと悪い方向に進んだら、どのくらい困った状況になるのか」を想像してみるのもひとつの方法です。**

「わざわざ、悪いことを想像するなんて」と、意外に思う人もいるかもしれません。

しかし、この行為には、漠然とした恐怖を具体的な形に直すことで、「思っていたより、たいしたことではない」と事態を冷静に受け止められるようになり、心をプラスに変えていく効果があるのです。

例えば、仕事で大失敗してしまったとき、「どうしよう、困った」と思っていると、心は不安で一杯になります。

しかし、その先にある最悪の事態を想像してみると、

「評価は相当低いだろうな。ボーナスは最低かもしれない。でも、同じような失敗をした先輩もクビにはなっていないから、最悪でも辞めさせられることはないだろう」

というふうに、不安の実態が具体的になってきます。

「詐欺にひっかかって、10万円をとられてしまった」というケースはどうでしょう。

詐欺にひっかかったということにとらわれていると、心は怒りで一杯になるでしょうが、その先にある最悪のケースを想定してみた場合、

「10万円、貯金が減っただけで、それ以外の被害はとくにないから、まぁ大丈夫」

というように考えが切り替わるかもしれません。

不安は見えないから、怖いのです。

不安の正体をハッキリさせることで、心を落ち着かせることができます。

「時間クスリ」の力を借りる

どうしようもないときは、何もせずに時の流れに身をまかせると決めるという方法もあります。

例えば、何か大切なものを失ってしまったときなどは、なかなか気持ちの切り替えがしにくいものです。そんなときは、

「必ず時間が解決してくれるから、大丈夫」

と自分に声をかけてあげましょう。

医学情報で知ったのですが、体にナイフのような異物がつきささったときは、すぐに抜くのではなく、まずはそのままにして、時間をかけて抜くほうがよいそうです。急いで抜くと、大量に出血したりして、かえって体へのダメージが大きいからだといいます。

これと同じで、**あまりにも心の傷が深いときは、大急ぎで治そうとすると、かえっ**

てこじれることがあります。

そういう場合には、無理に自分を励ましたりしてプラスのエネルギーを心に注ぐよりも、まずはマイナスのエネルギーが増えないように、そっと心をいたわってあげることが大切なのです。

昔から、日本には「時間クスリ」という言葉があります。これは、心の傷は時間というクスリが治してくれるという意味です。

確かに、先週の失恋で泣いている人はいても、10年前の失恋で泣いている人はめったにいません。

つまり、**時間は私たちの味方**ということです。毎日、流れる時間に身を任せて生きているだけでも、少しずつ、自然に心の傷は消されていくのです。

「どうしてもこの悲しみは消えそうにない」と思うときは、あせらずに「時間クスリ」を信じてみるのもひとつの方法です。

6章のまとめ

□ 「恵まれているかいないか」は、その人の心が決める
□ 将来の自分から、今の自分にメッセージを贈る
□ 落ち込むまえに「あの人ならどうするか」と考えてみる
□ イヤなことを思い出してムカムカしたら「このムカムカは私が作り出している」と考えると楽になる
□ 「いいこと」は、なにげないきょう一日の中にいくつも起きている。それをカウントしてみる。
□ 「ファンタジーマップ」を作ってみる
□ 「誰かを恨んでも何も解決しない」と知る
□ 不安があったら、最悪のケースを考えるとかえってスッキリする
□ 時間を味方につける

この章で気づいたこと

7章

「視点」をシフトすれば人間関係に強くなる！

自分のために相手を許す

心が折れやすい人の特徴として、過去のことに気持ちをとらわれやすいということがあるようです。

つまり、気持ちの切り替えが苦手なのです。そういう人は、一日の終わりに毎晩、その日の気分をリセットすることをおすすめします。

孔子の言葉に、

「虐待されようが、強奪されようが、忘れてしまえばどうということもない」

というものがあります。

この考え方を私たちも見習うことができるのではないでしょうか？

寝る前に、自分を傷つけた相手に対する憎しみや、その人に何も言い返せなかった情なさで頭の中が一杯だと、翌朝、目が覚めたときには、さらにマイナスの感情が大きくなっているものです。

一方、どんなにイヤな思いをしたとしても、その日の夜、気持ちを切り替えてしまえば、それを引きずることはありません。

そのためにどうするかというと、寝る前に、布団の上で目を閉じながら、「私の心の中にあるマイナスの感情をリセットします。明日はきっといい日です」と言うのです。そして、心の中のマイナスのエネルギーが夜の闇に吸い込まれていくシーンをイメージします。

すると、次の朝、起きた時に気分がスッキリとしています。

自分を傷つけた相手を憎めば、心はマイナスのエネルギーで一杯になってしまい、マイナスの出来事を引き寄せてしまいます。

ですから、**相手を許すことは、相手のためではないのです。自分の幸せのために、憎しみや悲しみを手放すのです。**

寝る前のリセット習慣で、日々のストレスは軽減していくでしょう。

「見返りがなければしたくない」ならムリしてしなくていい

人づきあいにおいて、心にマイナスのエネルギーが増える原因のひとつに、**「私はあの人をこんなに助けてあげたのに、あの人は私に何もしてくれない」**というような状況があります。

「裏切られた」

「あんな人だと思わなかった」

そんなふうに相手を憎む気持ちには、悔しさだけでなく、悲しさ、苦しさ、情なさ、後悔などのネガティブな感情がまざりあっているために、どんどん心にマイナスのエネルギーが増えていきます。

そんなことにならないために日頃から意識したいのが、「見返りを求めないで行動する」ということです。

見返りを期待しないということは、相手がどんな裏切りの態度をとっても自分の心がダメージを受けないということです。

親切にしてあげた相手からお礼の言葉がなくても、もともと見返りを期待していなければ、腹は立ちません。

相手がどんな態度をとっても、

「自分がやりたくてやっているだけだから関係ない。お礼を言われるなんて、むしろ恥ずかしいくらいです」

といえる人たちの心には、「こんなに私が〜してあげたのに」というようなイライラや怒りがわきあがることはありません。

ですから、人のために何かをするときは、「ほめられたい」とか、「認められたい」という気持ちを捨てることが大切です。

逆に言えば、**ほめられないならやりたくないことや、認められないならやりたくないことは、自分が本当にやりたいことではないのですから、無理してやらなくてもいいともいえます。**

苦手な人を意識しすぎないコツ

人はつい、周りに苦手な人がいると、その人を意識しすぎてしまいます。

例えば、意地悪な同僚があいさつをしてくれなかった場合、相手はただ、あなたに気がつかなかっただけかもしれないのに、ついマイナスの想像をふくらませてしまうものです。

「あの人に嫌われている」

と落ち込んだり、

「失礼な人だ」

と怒ってしまうこともあるかもしれません。

しかし、そんなふうに、相手の言動を勝手に悪い方に解釈して怒ったり悲しんだりするのは、無駄な行為です。

あいさつを返してくれなかったのが仲のいい人なら、あなたはきっと、

「聞こえなかったのかも」
「急ぎの仕事でもしてたんだろう」
と、あまり気にしないでしょう。

相手が苦手な人のときも、同じように考えるようにすればいいのです。相手の本心なんて、その人に直接聞いてみなければわかりません。

単なる事実を、勝手に悪い方に解釈するのは、とてもおろかなことといえます。

マイナスな方向に考えそうになったら、すぐに打ち消すクセをつけるようにしてください。

また、**近くに苦手な人がいるときも、その人を意識しすぎないように注意しましょう。**相手があなたにとって特別な存在にならないよう、自分自身で気をつけるのです。

日頃から、**困った人と付き合うときは、他の友だちと同じような態度で接しましょう。特別に優しくしたり、ご機嫌をとったりする必要はありません。**

最初は意識的でも、苦手な人を他の人と同じように考えるうちに、苦手な人に振り回される機会も減ってくるでしょう。

「一人になる日」をつくる

人間関係でグッタリと疲れてしまう理由として多いのが、

「この人に好かれなくてはいけない」

「ここにいる皆とうまくやっていけるように、仲良くしなくてはいけない」

という強い気持ちがあるのに、それがうまくいかないというものです。

そんな悩みを抱えているとき、心はかなり疲れています。

ですから、そんなときは、「どうしよう、困った」と悩むのをやめて、毎日1時間くらい、一人でいる時間を作ってみることをおすすめします。

一人で何をするかというと、興味のある本を読んだり、好きな音楽を聴いたり、自然の中を散歩したり、リラックスするために使うのです。

一人で自分の好きなことをしていると、心の中にはプラスのエネルギーが増えていきます。すると、脳の中を占領していた、

「あの人とは、どうして仲良くできないんだろう?」
「あの人たちはなぜあんなことを言ったんだろう?」
というようなモヤモヤした感情が少しずつ消えていきます。そのため、頭がスッキリすると同時に、心のストレスも減っていくのです。

動物園の動物は、一日中、人目にさらされることがストレスになるため、定期的に人前に出ない日を作るそうです。

同じように、どんな人だって、いつも誰かと一緒にいるのは疲れます。仲のいい相手であってもそうでしょう。

関係がうまくいっていないなら、なおさらです。ですから、意識して一人でいる時間をつくることが大切なのです。

ちょっと人間関係に疲れたな、というときは、こんなふうに一人でのんびりする習慣を持つようにすると、大きなトラブルに発展するようなことが防げます。

出会いへの下心を持っていると……

「この人と付き合うと得をしそうだから、仲良くしておこう」

そんな我欲を持って友人や仲間を増やしている人がいます。

しかし、たいていの場合、目的は達成されません。多くの人が、欲の皮で顔が突っ張ったようなガツガツしているタイプの人とは仲良くなりたいとは思わないからです。

万が一、私欲をもって仲良くなれたとしても、当初のもくろみどおりに、何らかのメリットを得られるかどうかは、わかりません。

「あの人は大きな会社の社長の息子だから、就職活動のときに口をきいてくれるかもしれない」

「あの人はずいぶん稼いでるらしいから、食事くらいおごってくれるかも」

「この役員は影響力が強い。課長に私のことをよく言ってくれないかな」

そんな都合のいい期待はあっさり裏切られ、「こんなはずじゃなかった」ということなる可能性も高いのです。

「この人と付き合うとメリットがありそう」という理由で、人とのご縁を作ろうとしても、実際にはうまくいかないのです。

それよりも、

「せっかくだから、楽しい時間をすごそう」

というような純粋な気持ちで接したほうが、後々いいお付き合いにつながり、結果的にメリットが得られることが多いのです。

出会いのシーンに限らず、他人と付き合うときに**得をすることばかり考えていると、周りから人が離れていきます。**

そのような気持ちは、言葉や態度で周囲にも伝わるからです。

相手からもらうことばかり、考えるのはやめにしましょう。

「高いお金を払ってプレゼントまで買って誕生日を祝う会に行ってあげたのに、誰も紹介してくれなかった」

などと考えているようでは、心にマイナスのエネルギーが増える一方です。

相手を変えるよりルールを変える

人は、無意識に自分の価値観が決めたルールに執着してしまいます。

国によって生活習慣が全くちがうのと同じで、ある人にとっては常識であることが、ある人にとっては非常識ということがあるのは、当たり前のことです。

それなのに、多くの人は「自分の常識＝世の中の常識である」と勘違いしています。きれい好きな人は、部屋を汚す人を見れば、「あの人は非常識だ」と不愉快な気持ちになるでしょう。反対に、部屋を汚すのが平気な人には、きれい好きは「神経質な人だ」と見えるのです。

そして、多くの人は、他人のルールを押しつけられることが好きではありません。自分の価値観と似ていれば問題はないのですが、残念ながらそういうときばかりではないのが実情といえます。

しかし、他人のルールは、自分が変えられるものではありません。

ですから、**価値観のちがう相手とストレスなくつきあうには、相手を変えようとするのではなく、自分のルールを少し甘くした方が早道**といえます。

例えば、「夜8時以降は健康のために何も口にしない」というルールを持っている人がいました。

その人は、夜8時以降に食事に誘われると、いつも、

「私はその時間は食べないと決めてるんですよ。内臓に負担がかかるから、あなたも夜遅い時間の食事はやめたほうがいいですよ」

と言っていました。

しかし、あるときから、「少しくらいいいか」と気持ちを切り替えて、週に1度だけは、夜遅い食事の誘いにも応じるようにしたら、誘われることが増えていったのです。

少しルールを相手側に近づけるだけで、相手との距離はぐっと縮まるのです。

釈迦の「悪口は毒蛇」の意味とは

心が折れやすい人の中に、人から悪口を言われることを極端に恐れてしまう人がいます。

お釈迦様は、
「悪口は毒蛇と思え。受け取るな」
と言っています。

相手がどんなにひどいことを言っても、**言われたほうが悪口を受け取らなければ、言った本人が持ち帰るしかありません。**

つまり、何を言われても本人が気にしなければ、その言葉には何の意味もないということです。

相手の悪口にはたくさんのマイナスのエネルギーが含まれています。悪口を聞き入れてしまうことは、マイナスのエネルギーを受け取ったことと同じです。ですから、そんな言葉をまともに受け止めてはいけません。

それなのに、心が折れやすい人は、このようなとき、他人の悪口（マイナスのエネルギー）をがっちり受け止めてしまいがちです。

そうならないためには、人から悪口を言われても、冷静に受け流すことです。

「あの人は、悪口を言うのが好きな人だなあ」

「色々な意見があって当然だ」

そんなふうに考えれば、悪口が心の奥にまで入り込んでくることはありません。

誰かから批判をされても、

「これが自分らしさだ」

「自分はこれでいい」

と思うことができれば、マイナスのエネルギーを受け取ったことにはならないのです。

すると、悪口を言う人たちは、自分が投げたはずのマイナスのエネルギーが自分に戻ってきてしまうので、自分が大きなダメージを受けることになります。

その結果、もう悪口を言わなくなるのです。

折れにくい心を取り戻すためのひとつの方法として、試してみるといいでしょう。

無理に好きにならなくていい！

心が折れやすい人の特徴に、苦手な人が多いということがあります。

苦手な人が多いと、いつも「その人に会ったらどうしよう…」というふうに、オドオド、ビクビクしてすごす時間が増えて、心にマイナスのエネルギーがたまっていきます。

そして、そのマイナスのエネルギーが原因になって、さらに悲しい出来事を呼び寄せてしまうという結果になるのです。

そんなことにならないために大切なのは、**嫌いな人を減らす**ということです。

何も、その人のことを大好きになろうというわけではありません。

これまで嫌いだった人を、

「この人、そんなにイヤな人じゃないかもしれない」

と思うだけでいいのです。

すると、嫌いな人へのイライラや怒りがスッと消えて、心がほぐれてくるはずです。

「同じ会社の仲間なんだから、協力しあって当然だ。仲良くしなきゃ」

「苦手どころか正直大キライだけど、同じチームで仕事してるんだから、ああいう人とも仲良くやっていかなきゃいけない」

という思い込みに、縛られている人はけっこういるものです。

しかし、同じ会社だからといって価値観まで同じなわけではありません。

それなのに、**相手を無理に好きになろうとするから、思い通りにいかず、悩んでしまうのです。**

そういうときは、好きになろうとがんばることをやめて、気軽に付き合い始めると、意外と相手の良いところが発見できたりします。その人と会うといつも心が暗くなるなら、二人で会うのはやめて、グループ内での付き合いだけにするという手もあります。

考えてみれば、嫌いな相手とわざわざ付き合う理由などないはずです。

苦手な人間関係の問題を、自分の中で大きくするのはやめて、もっと意識を自分自身の人生に向けましょう。

図々しい人を近寄らせない言葉

心が折れやすい人の多くは、優しい人です。

その優しさはときとして、苦手な人からの誘いを断れないなどの結果を招く原因になり、ストレスや我慢を生むことになります。

しかし、我慢は心にマイナスのエネルギーを増やしますから、本来ならば一緒にいて疲れる相手とはある程度の距離をとったほうがいいのです。

相手と適切な距離をとるための方法のひとつに、他人と親しくなるまでに時間をかけるということがあります。

相手がどんな人かわかった上で付き合えば、「こんなはずじゃなかった…」と裏切られたような気分になることを防げます。

そのためにおすすめなのが、**言葉づかいで相手との距離を保つ**という方法です。

相手が図々しいタイプで、短期間で急になれなれしくしてくるようなときは、言葉づかいを少し他人行儀な感じにするのです。

相手が友だち口調で話しかけてきても、こちらは敬語を保つことで、

「私の方は、あなたを親しい相手とは思っていません。ですから、あまりなれなれしくしないで欲しい」

ということをやんわりと伝えることができます。

メールも同じです。相手がなれなれしいメールを送ってきても、ビジネスメールのような、硬い口調で応じましょう。

「なんだか冷たくありませんか?」

などと言われたら、

「そんなことありませんよ。私はいつも通りですが…」

と切り返して、相手と気持ちの差があることを伝えましょう。

相手のペースに巻き込まれず、こちらから少し距離を離すことで、なれなれしい相手に付け込まれるのを防ぐことができます。

7章のまとめ

- □ 相手ではなく、自分のために相手を許す
- □ 「裏切られた」と思うくらいなら、
最初から何かをしてあげないほうがいい
- □ 近くに「苦手な人」がいても、意識しすぎない。
普通に接すれば十分
- □ 意識的に、一人になる時間をつくる
- □ 損得勘定で人とつきあってもうまくいかない
- □ 相手を無理に変えようとせず、
自分のルールを少し甘くする方がうまくいく
- □ 悪口を言われても、受けとらなければいい。
そうすれば相手が持ち帰るしかない
- □ 相手のペースに巻き込まれない言葉の使い方をする

この章で気づいたこと

8章

脳のしくみを生かした〝高いハードル〟の越え方

緊張や不安は当然

誰でも、新しいことに挑戦するとき、

「失敗するのが怖い」

「やめておいたほうがいいのでは」

というような気持ちになります。

それは「自己防衛本能」が働くためです。この本能は、自分の身を守るためのものです。昔、人間が狩りをしながら生活していたときから、ＤＮＡに刻み込まれているものです。

昔の人が狩りをするとき、今までに行ったことのないくらい森の奥まで入ろうと決めたとします。しかし、森の奥には、毒をもった蛇がいるかもしれないし、下手をすればライオンのような猛獣に襲われる危険もあります。

当然、それにはかなりの緊張が伴うでしょうし、実際に命を落とした人たちもいたことでしょう。そんな昔の記憶が、私たちを臆病にするのです。

何をいいたいかというと、**「初めての挑戦をするとき、不安になるのは当たり前だ」**ということです。

新しい仕事に挑戦するとき、

「こんなに緊張するなんて、やっぱりやめたほうがいいのかもしれない」

「失敗したらどうしよう、という気持ちがどうしてもわいてきてしまう」

と考えるかもしれません。

そんなとき、やっぱりこのプロジェクトは自分の器ではムリかもしれない、なんて考える必要はありません。

「初めての挑戦を前にして、自分は緊張しているな」と冷静に受け止めて、その気持ちを抱えたまま、少しずつ前に進んでいけばいいのです。

最初の狩りは怖くても、しだいにコツをつかみ、慣れていった昔の人々のように、最初は難しく見えたチャレンジも段々と平常心でできるようになるでしょう。

不安は原因がわかれば小さくなる

大きなプロジェクトのリーダーを任されて、「自分にできるかな」と不安になったとき、まず最初にすべきなのは、「今から、自分は何をするべきなのか」を整理することです。

不安なときは、心にマイナスのエネルギーが増えて、どんどん悪いイメージがふくらんでいきます。

「引き受けても、上司の期待に応えられなかったらどうしよう」
「チームのメンバーたちは自分の言うことを聞いてくれるかな」
「いっそのこと、辞退したほうが会社にも迷惑をかけないですむのでは?」

しかし、そんなことをいくら考えても、答えは出ません。

そういうときは、
「自分がリーダーになったら、何をすればいいのか」

を書き出してみるのです。

まず、上司に詳しい話を聞いてから、プロジェクトの進行表を作る。

チームのメンバーを集めて、役割をわりふる。

関係部署も集めて、全体ミーティングをおこなう。

そんなふうに、自分のやることを、具体的にひとつひとつ落とし込んでいくと、「あれ、考えてみれば、全部、今まで自分がやったことがあることばかりだ。これなら、できそうだ」

というような新しい発見が得られるでしょう。

また、具体的にやることを書き出すと、「他の部署との調整がうまくいかなかったらどうしよう」などと、自分が苦手と感じることが明らかになるというメリットもあります。

そうすれば、「この仕事に関しては、Aさんにサポートしてもらおう」というふうに、あらかじめ対策を考えることもできるので、不安を減らすことができるのです。

不安は、その原因がわからないうちはどんどん大きくなります。その正体を暴くことで、平常心を取り戻すことができるでしょう。

「できる理由」を書いて数えてみる

やりたいことがあるのに行動に移せないという人は、何かを始めようとしても「できない理由」がどんどん浮かんできてしまうようです。

そんな人は、できない理由が浮かんできてしまったら、すぐに**「できる理由」を書きだしてみる**ことをオススメします。

例えば、次のようなことが考えられるでしょう。

1　自分は健康である
2　日本は、自由にやりたいことをやっていい国だ（法律や道徳に違反しないこと）
3　自分にはいざというときに励ましてくれる家族や友人がいる
4　自分は読み書きや計算ができる
5　本を読んだりセミナーに行ったりすれば、やりたいことを学ぶことができる

6　自分と同じような環境からスタートして、夢を叶えている人がいる
7　失敗しても命までとられるわけじゃない

こうやって、「できる理由」を書き出しているうちに、心の中に自信がわいてくるはずです。

自信は、大きなプラスのエネルギーを持っています。ですから、自信を持つことは、前に進む力になってくれます。


日本で生まれて日本で育つと、本当はとても恵まれた環境にいるのに、それを「当たり前」に感じてしまうことも多いと思います。

しかし、冷静に他の国の環境と比べると、私たちは間違いなくチャレンジしやすい状況にあるといえるでしょう。

自由がない国や、食べることさえままならない国に住む人たちから見たら、私たちが挑戦することをためらう理由など、どこにもないように思えるはずです。

プロセスを楽しむ〝しかけ〟をつくる

人間の脳は、楽しい、嬉しい、わくわくする、こういった良いプラスの感情にさらされると、活性化して、より能力を発揮することができます。

ですから、大きな目標を前にして逃げ出したくなったときは、その途中やゴールの先にある楽しそうなことに焦点をあてると、やりやすくなります。

たとえるなら、マラソンの給水地点のようなものを、そのプロジェクトの途中に設けるのです。

ある金融機関に勤める男性は、新しい金融商品を販売する部署のリーダーに命じられました。

売り上げ目標は1000万円です。最初のうちは、がんばろうと思っても、すぐに、

「でも、1000万円なんて本当に売れるかな」

「リーダーなのに、新人より売れなかったらどうしよう」

という不安を消せませんでした。

そこで彼が考えたのは、1000万円を細かい数字に区切って、小さな目標を少しずつクリアするという方法です。

1000万円というと、ひるんでしまった彼も、100万円なら達成できるような気がしてきました。そこで、まずは、100万円売って、それをクリアできたらチームのみんなとお祝い会を開こうという目標を立てました。そして、1000万円の目標をクリアできたら、自分へのご褒美に海外旅行へ出かけようと決めました。

すると、なんだかやる気がわいてきたのです。これは、楽しいことに焦点をあてることで、心にプラスのエネルギーが増えたからです。

大変そうに見えることでも、その中に楽しみを見出すことで、勇気ややる気がわいてくるのです。

脳はイメージと現実を区別できない

イメージングという言葉を聞いたことがある人もいるかもしれません。

イメージングとは、成功したシーンを頭の中でリアルにイメージすることです。

ただ想像するだけではなく、成功したことでどんな気分になったか、周りの人は何と言って祝福してくれたのか、その日の夜は家族とどんな話をしたのか、といった細かいことまで、思い浮かべるのが特徴です。

高い目標を突きつけられ、不安になったときは、このイメージングを試してみるといいでしょう。

人の脳は、想像で感じた気持ちと、実際にそれを体験したことで感じた気持ちの区別がつかないそうです。

そのため、想像で「このプロジェクトが成功して、嬉しい」という気持ちを体感すると、本当のことだと錯覚して、どんどん心にプラスのエネルギーを作り出すのです。

プラスのエネルギーが増えた心からは、不安や恐怖心が逃げ出していくのです。

あるセールスマンは毎朝、会社に行く前に、注文がたくさん取れるイメージングをするようになり、仕事の成果が上がったといいます。

イメージングは、プロのスポーツ選手の間でも取り入れられています。

例えば水泳選手なら、試合前に深呼吸をして、目を閉じて、泳いでいるシーンを想像します。身体が感じる水の冷たさ、息苦しい感じや緊張感、そんなものも含めてリアルにイメージをします。

もちろん、それだけではなく、自分が優勝して、表彰台で金メダルを受け取るシーンまで思い浮かべます。

最初のうちは、「そうはいっても、ムリだろう」という気持ちもわいてくるでしょう。しかし、これを繰り返すうちに、心にそのイメージが刻まれて、いつの間にか「優勝して当然」と思えるようになってきます。

そこまできたら、あとは自信を持って本番に臨むだけです。

仕事においてもスポーツにおいても、このイメージングをするのとしないのとで、結果は大きく違ってくるでしょう。

ハードルが高ければ〝ちょっとだけ〟やってみる

なんでもいいから始めてみるというのも、プレッシャーを小さくするためには有効です。

実際に手をつけてみると、どの程度のレベルの難しさなのかがわかりますし、どのくらいの納期でできそうかも、予想がつくからです。

何もしないうちは、

「すごく難しい仕事かもしれない」

「失敗したらどうしよう」

といった、漠然とした不安やプレッシャーばかりが生まれますが、その段階で立ち止まっている限り、何も進展しません。

迷っているヒマがあったら、まずは手をつけてみて、それから自分なりにどうするか、対策を立てればいいのです。

中には、手をつけてみたことで、

「これは自分ひとりの手に負えそうもない」

「この納期では間に合いそうにない」

ということがわかり、上司に対して、

「サポートしてくれる人を一人つけていただければ、大丈夫です」

「納期を少し延ばしていただければ、できそうです」

というような希望を、伝える人もいるかもしれません。

それは決して悪いことではありません。

できるかどうか不安を抱えながら、返事をズルズルと延ばしているよりも、ずっと上司に与える印象はいいはずです。


心が折れやすい人というのは、想像力が豊かで、マイナスの方向にイメージがふくらんでしまう傾向があります。

それを避けるためにも、頭の中で考えて終わるのではなく、実際に手や足を動かすことを意識してみるといいのです。すると解決策が見えてくることもあります。

8章のまとめ

□ 緊張したり不安になったら、
へこむのではなく「当然」と考える

□ 不安には、原因がわからないとどんどん大きくなる
性質がある。正体がわかれば心は落ち着いていく

□「できない理由」が浮かんできたら、
「できる理由」を書き出してみる

□ 目標達成までに、いくつも「途中の楽しみ」を
つくっておく

□ イメージングを活用する

□ ハードルが高くてめげそうなら、
まず「少しだけ」でいいから手をつける

この章で気づいたこと

9章

すぐ折れない心をつくる新しいアプローチ

ないものでなく「あるもの」に目を向ける

心が折れやすい人の特徴として、足りないものに目がいきやすいということがあります。

そういう人たちの中には、はたから見たらたくさんのものを持っていて、むしろ恵まれた環境にあるというのに、

「あれがない、これが足りない」

と言っている人もいます。

そうやって、自分自身で心にマイナスのエネルギーを増やし続けてしまうのです。

今、悩みがあるという人は、きっと「自分に何かが足りないことが原因で、その悩みが生まれてしまった」と考えているでしょう。

実際に、カウンセリングに訪れる人たちはみんな、自分自身の足りない点に気をとられて、悩んでいます。

自分はビジネスのセンスがないから出世できない。

自分は見た目がよくないから結婚できない。

自分は学歴が低いから尊敬されない。

彼らはそんなふうに、自分に「ない」ものばかりに意識をとられています。

そのため、何かうまくいかないことがあるとすぐに、「自分には○○がないからだ」と考えてしまい、気持ちを切り替えることができないのです。

そういう人たちに、「そんなことはないでしょう。あなたはいろいろなものを持っているでしょう」と伝えると、驚きます。

今日から、ないものではなく、持っているものに、意識を向けてみればいいのです。

「自分には、こういう良いところがある」と理解すると、問題が起きたときも、「自分なら乗り越えられる」と考えられるようになります。

すると、心にはプラスのエネルギーが増えて、強い自分になれるのです。

他人の役に立つ習慣を身につける

「私たちは肩を寄せ合って生きています。ですから、この世における私たちの第一の目的は、他人の役に立つことです」

これは、チベット仏教の最高指導者、ダライラマの言葉です。

この言葉からもわかるように、人間は本能的に、誰かの役に立ちたいという気持ちを持っています。

そのため、**人のために何かをしてあげられたとき、心には自然とプラスのエネルギーが増えます。**

ただし、現代の日本人は、多くのストレスやプレッシャーにさらされているために、つい、他人のことよりも自分の目の前のことに意識がいきがちです。

その結果、「まずは自分。他人のことはその次だ」と考えてしまうような心の状態になっています。

だからといって、他人の役に立ちたいという本能が消えているわけではありません。ですから、今の自分に「人助けをしたい」というようなハッキリとした気持ちがなかったとしても、かまいません。気にせず、今日から、他人の役に立つことができるように、心がけてみてください。

小さなところでは、相手をほめるとか、電車で席をゆずるというようなことがあるでしょう。

会社員なら、忙しそうな同僚を手伝ったり、手伝うまではできなくても、何か差し入れをするなど、何らかの形で相手の役に立つことはできるはずです。

ただ、気をつけて欲しいのが、そのために**自分を犠牲にしない**ということです。あくまでも、自分自身の無理のない範囲で行うことが大切です。

そうやって、他人のために自分の力を貸すことを習慣化すると、周りの人間関係がよくなる上に、自分自身に対する自信も生まれてきます。そのため、心にプラスのエネルギーもどんどん増えていくのです。

人の役に立つことをすることで、折れない心を作ることができます。

「どうすれば楽しくすごせるか?」と考える

短気な人は、心にマイナスのエネルギーがたまりやすくなります。

なぜなら、日常生活では気が長くないとイライラするような場面が意外と多くあるからです。

例えば、待ち合わせをした相手が時間どおりに現れないとき。短気な人は待つことがストレスとなり、心にマイナスのエネルギーが増えてしまいます。

自分もそういうタイプだという人は、時間についての考え方をちょっと変えてみることをおすすめします。

例えば、相手を待っているときは、「私を待たせるなんてどういうつもりなの?」と怒る代わりに、「この予定外の時間をどうすれば楽しくすごせるかな?」と考えてみるのです。

すると、「ちょうどいい。あの人の誕生日プレゼントを選ぼう」と思いつくかもしれません。

すると、心の中のエネルギーが、マイナスからプラスへと変わります。いらだちが消え、平穏な感情が戻ってくるでしょう。

心が折れやすい人は、待ち合わせの時間に相手が現れないと、必要以上にあれこれと考えてしまうようです。

「あの人は私のことをバカにしてる？」

「もしかして、避けられてるかもしれない」

こんなふうに、被害者意識を抱えてしまう人もいます。

しかし、こんなふうに考えても、相手が早く現れるわけではありません。それに、こんな感情を持っていると、遅れてやってきた相手に対して、優しくすることもできないでしょう。

ですから、そのような考え方は変えたほうがいいのです。

「どうすれば、待ち時間を楽しくすごせるか？」と考えれば、イライラや怒りの感情にも惑わされることがなくなります。

そのため、心にマイナスのエネルギーが増えることを防げるのです。

捨てると〝新しいもの〟が入ってくる!

部屋が散らかっていると、それだけでストレスがたまりやすくなります。必要なものがすぐに出てこなかったり、あったはずのものがそこになかったり、散らかっている部屋を見てなんとなく気分が沈んだり、イライラしたり。そんなことを経験したことがある人は多いでしょう。

たかが部屋のこと、と思うかもしれませんが、そのたびに、その人の心にはマイナスのエネルギーが増えてしまいます。ですから、心が折れにくい自分になるためには、身の周りにあるいらないものを処分することをおすすめします。

やってみるとわかるのですが、**いらないものを捨てると、必要なものが入ってきます。自分を助けてくれる人が現れたり、必要なお金が手に入ったり、モチベーションが上がってやる気がわいたり…。**

そんな変化が、早い人では数日で現れます。

モノを捨てるという行為は、過去の価値観や思い込み、つまり執着を捨てることにもつながっています。

「いつかまた使うかもしれない」
「想い出があるから」
「とりあえず、とっておこう」

そうやって先送りし、ため込んできたモノたちに向き合い、いるものといらないものに分けることは、今の自分自身と向き合うことでもあります。

最初は、モノを捨てることに罪悪感や、苦痛を感じるかもしれません。しかし、少しずつでも不要なモノを手放していくと、部屋がすっきりすると共に、気持ちまですっきり整理されてくるのに気がつくでしょう。

自分の好きなものに囲まれて、気持ちのいい環境に暮らしていると、心の中にはプラスのエネルギーが増えていきます。そうすると、ちょっとくらいイヤなことがあっても、心がマイナス感情にならないのです。

人に会うたびにプラスの感情が増える習慣

「人は一人では生きられない」という言葉があります。

実際にそのとおりで、生きていれば必ず他人とかかわる場面が出てきます。

そのため、**他人との間で上手に関係が築けない人は、かなりのスピードで心にマイナスのエネルギーが増えていってしまいます。**

「あの人は感じが悪い」

「あの人は意地悪だ」

そんなふうに、いつもイライラして怒っていると、心の中はマイナスのエネルギーで一杯になります。すると、心にゆとりがなくなり、視野も狭くなるため、ますます他人とうまくやっていけなくなってしまいます。

心を強くするには、意識的に、他人のいいところに目を向けることが大切です。

具体的には、**出会った瞬間に相手のいいところを3つ探してみる**ことを、ゲーム感覚で始めてみてください。

今までは、無意識のうちに相手のイヤなところを探して、不愉快な気持ちを募らせていた人も、

「優しい感じの人だ」

「センスのいいバッグを持ってるな」

「待ち合わせの時間ちょうどに来てくれた」

というふうに、誰に会っても相手のいいところをパッと見つけられるようになると、どんどん他人を好きになっていけます。

すると、今までは**人に会うたびに心にマイナスの感情が増えていたのに、今度は人に会うたびにプラスの感情が増えるという急激な変化が心に訪れます。**

早い人では数日で、

「最近、雰囲気が変わったね」

「最近、明るくなったね」

と周りから言われるほどに、自分を変えることができるでしょう。

体からプラスのスパイラルを生む

折れにくい心を手に入れたい。

しかし、何から始めたらいいかわからない。

そんな人におすすめしたいのが、散歩やヨガなどの運動を生活の中に取り入れることです。

折れにくい心を作るためには、体を大切にすることが大事です。なぜなら、体と心は深くつながっているからです。

病気という漢字は、読んで字のごとく「気が病む」と書きます。気が病むとは、心がマイナスのエネルギーで一杯になった状態のことです。

つまり、**気持ちがマイナスに傾くと、体の調子も悪くなるのです。**

これを逆から考えれば、体の調子が悪くなると、心の状態もマイナスになりやすいということになります。ですから、体を大切にしていつもいい調子を保っておくことが、心のためにも大切なのです。

アメリカでは、仕事ができるビジネスパーソンの多くが、運動を生活の中に取り入れる習慣を持っているそうです。適度な運動をして体にエネルギーを取り入れることは、自分の健康状態をよくし、仕事にもプラスの影響があると彼らは考えているからです。

しかし、本当の効果はそれだけではありません。

体を動かすことは、脳にもいい影響があるのです。

ある研究者は、体を動かすことは脳神経にいい影響を及ぼし、ストレスやうつ病などを改善させる効果があると発表しています。

つまり、運動をすることは、体に直接的にプラスの影響があるだけではなく、脳や心にも間接的にいい結果をもたらすということです。

簡単なヨガやストレッチ、一駅分歩くなどの小さな運動でもいいので、体を動かす習慣を積み重ねながら、心を鍛えていきましょう。

花や観葉植物を飾る意外なメリット

自然が多い場所に行くと、人は深呼吸したくなります。

それは、自然がプラスのエネルギーをたくさん放出しているからです。人は、自然が持つそのエネルギーを自分の中に取り入れようとして、深呼吸をするのです。

この自然のパワーを借りることで、心を強くすることができます。

遠くへ行かなくても簡単にできる方法として、部屋に花や観葉植物を飾るということがあります。植物は、プラスのエネルギーを持つだけでなく、美しい見た目からも、人の心を癒やしてくれます。

また、一説によれば、植物は部屋の中にある悪いエネルギーのようなものを吸収するとも言われています。

花も観葉植物も、育てるためには、水を変えたりする多少の手間がかかります。それを、「面倒だ」と思ってしまうなら、それは、心に余裕がないからです。そういう人にこそ、植物のプラスのエネルギーを取り入れて欲しいと思います。

明日、会社の帰りに花屋さんに寄って、小さな花を買ってきましょう。そして、食卓のテーブルに飾ってみてください。それだけで、部屋の中の空気がプラスに変わるのを実感できるはずです。

最初のうちは、「水を替えるのが面倒だなあ」と思うかもしれません。しかし、慣れてくると、「あんなに小さかったつぼみがもう大きくなっている」という感動を得られるようになったりします。

最初は面白くなくても、毎日世話を続けるうちに、あなたの心にはゆとりが生まれるからです。

つまり、花や植物を育てることは、自分の心のゆとりを育てることでもあるのです。

庭やベランダで育ててもいいでしょう。

いつも目に付く場所に、小さな植物がある。それだけで、心からマイナスのエネルギーが減っていきます。

思っていることを言葉で表現する

心を鍛えるためのエクササイズのひとつに、表現することがあります。

シンプルなのは、思ったことを言葉にしてみることです。

私たちは日頃から、心に思いついたことの何パーセントを、言葉にして表現しているでしょうか?

小さな子どもはうるさいくらいに、思ったことを素直に表現するようです。

しかし、大人になるにつれ、私たちはその場の空気を壊したくないとか、いちいち説明するのが面倒くさいという理由で、どんどん自分の思いを表現しなくなります。

そうやって考えを表に出さないことが日常化してしまうと、

「わざわざ言うほどの価値なんて特にない。私の発言なんて意味がない」

というような自分を否定するプログラムが心に組み込まれてしまいます。

すると、思ったことを言えない自分が普通になってしまい、心にどんどんストレスとマイナスのエネルギーが増えていってしまうのです。

このプログラムを壊して、言葉を発する練習をしてみましょう。

そのためには、直感をそのまま言葉にしてみることが大切です。

ここで「言いたいことを言ってしまったら嫌われるんじゃないか？」と思う人もいるでしょう。しかし、このエクササイズの目的は「自分の直感や感情をありのままに受け入れること」であり、人にそのまま伝える必要はありません。

独り言でもいいのです。

まずは自分が何を感じているのかを認識することが目的ですから、そんなことは気にしなくていいのです。

実際に、自分の直感を人に話すか、それともやめるかは、もっとあとの段階で考えればいい話です。

思ったことを言葉にして言うことや、文字にして書き出してみることを心がけてみましょう。自分を表現することが心にプラスのエネルギーを与えてくれることに、気づくでしょう。

お人好しにならない「ギブ＆ギブの法則」

ブッダ（釈迦）の言葉が書かれている法句経の中にこんな一節があります。

穀食を得んと欲せば、まさに耕種を行うべし。

大富を得んと欲せば、まさにお布施を行うべし。

これを訳せば、

「穀物を得ようと思えば、田畑を耕して種をまかねばならない。それと同時に、大きな富を得たいと思うならば。まずお布施をすることである」

となります。

この言葉は何を示しているのでしょうか？

私はこれをわかりやすくいえば、「情けは人の為ならず」ということわざに言い換えられるように思います。

このことわざは、人に何かをしてあげると、巡りめぐって自分のところに戻ってくる、という意味です。

ブッダの「富を得たいと思うなら、まずお布施をすることである」というのも、お布施をすることで、巡りめぐって自分のところにそのお金が返ってくるということを伝えたかったのでしょう。

私たちはつい、人に何かをしてあげたとき、見返りを求めてしまうものです。しかし、この法則によると、誰かに何かをしてあげると、その相手から直接何かを受け取るのではなく、宇宙を巡りめぐって別の場所からいいことがやってくる、ということになります。

心が折れやすい人は、日頃からこのことを意識して、積極的に人に喜ばれることをするといいでしょう。

すると、人から好かれるだけでなく、自分が種をまいた小さな幸せが宇宙を巡りめぐって自分の元に訪れるようになるからです。

ギブ&ギブの精神を心がけることが、あとあと自分を幸せにするのです。

9章のまとめ

- □ 自分が何を持っていないか、ではなく「何を持っているか」に目を向けよう
- □ 人のために何かをしたり、人の役に立つことが、折れない心をつくる
- □ 「もっと楽しくするにはどうすればいいか？」と考える
- □ いらないものを捨て、新しいものを呼び込むサイクルをつくる
- □ 初対面の相手の「いいところ」を3つさがす
- □ 体にプラスのエネルギーを取り入れると、心に波及していく
- □ 植物や自然の力を取り入れてマイナスのエネルギーを減らす
- □ ふだん考えていることを言葉で表現してみる
- □ 「ギブ＆ギブ」が、いずれ自分を幸せにする

この章で気づいたこと

10章

「折れない人」になる言葉の使い方

同じ意味でも言葉をプラスに変えるだけで……

毎日を幸せにすごすためには、心が折れたときに早く立ち直るクセをつけることが大切です。そして、それと同じくらい大切なのが、何かあっても簡単には折れにくいような心を作ることです。

へこたれない自分になるために大切なのは、これまで述べてきたように、心にマイナスのエネルギーが増える習慣を捨てることです。

それと同時に、心にプラスのエネルギーが増えるような生活スタイルを取り入れていけば、心はどんどん柔軟に、強くなっていきます。

心にプラスのエネルギーを増やすために最も効果的なのは、自分の使う言葉を変えることです。

言葉は、言霊《ことだま》と言われているようにパワーを持っています。

耳から入ってくる言葉、目から入ってくる文字は、私たちの心にプラスのエネルギーを増やすきっかけにもなるし、マイナスのエネルギーを増やすきっかけにもなるのです。

「この薬を使うと、90％の確率で死にます」

「この薬を使うと、10％の確率で助かります」

この二つは、同じ意味のことを言っているのに、受ける印象が全く違います。

あとの言い方だと、この薬はすごくいいもののように感じるのに、最初の言い方だと、まるで効果のない毒薬のように感じます。

どちらの言葉を使うほうが心にプラスのエネルギーが増えるかは、いうまでもないでしょう。

もちろん、「この薬を使うと10％の確率で助かります」というほうです。

私たちは、朝起きてから夜寝るまで、実に多くの言葉に触れています。

ためしに、「嬉しい」と言ったときと、「悲しい」と言ったときの、心の変化を感じてみてください。きっと、その違いがわかると思います。

この法則を利用して、日頃から、自分の心にプラスのエネルギーがわいてくるような言葉を使うようにすると、心の状態はどんどん変わっていくのです。

自信を育てる「言い直し」の方法

「心身統一法」の創始者、中村天風《てんぷう》氏はこんな言葉を残しました。

「言葉には人生を左右する力があります。この自覚こそが、人生を勝利に導く最良の武器なのです」

このように、言葉の持つパワーは絶大です。

プラスの言葉を使って、心の状態をプラスのエネルギーで満たせば、プラスの出来事がやってきます。反対に、マイナスの言葉を使って、心がマイナスのエネルギーで一杯になれば、マイナスの出来事がやってきます。

これは、他人にかける言葉のことではありません。

自分自身に語りかける言葉のことです。

自分にどんな言葉をかけているかで、その人がどの程度、自分に自信を持てるのかが決まってきてしまうのです。

「バカな私」「ダメなオレ」「いつも失敗ばかり」「運が悪い人生」「この先もいいことなんてない」といった具合に、自分に否定的な言葉を語りかけてばかりいると、心はマイナスに傾きます。

一方、自分に自信を持っている人は、うまくいかないことがあったとしても、プラスの言葉を使って、心がマイナスに傾かないようにしています。

「うまくいかない原因がわかった」

「ベストを尽くしたのだからそれでいい」

などと自分を肯定して、プラスの感情を生み出すのです。

自分に自信がない人は、過去の否定的な語りかけが積み重なり、マイナスの心の状態をつくってしまっているのです。

これからは、注意深く自分の言葉を観察しましょう。

そして、**もしも自分に否定的な言葉を語りかけてしまったら、肯定的な言葉で言い直すようにしてください。**

これを繰り返せば、だんだんと自己肯定感は高まっていきます。すると、自分に自信が持てるようになり、打たれ強い自分に成長していくことができます。

「ありがとう」のプラス・エネルギーの大きさ

ユダヤの格言に、次のようなものがあります。

「『ありがとう』という言葉はポケットにしまってはいけません」

また、19世紀の思想家ラルフ・W・トラインは、

「感謝の心には超能力がある」

という言葉を残しました。

これは、「ありがとう」という言葉が、すべての言葉の中でも特別に大きなプラスのエネルギーを持つという意味だと、私は解釈しています。

日常生活の中でできるだけ多く、「ありがとう」という言葉に触れることで、心にプラスのエネルギーを効率よく増やすことができるということです。

「しかし、『ありがとう』という言葉は、人から親切にしてもらわなければ言う機会がありませんよ。私の周りは、そんなにいい人ばかりではありません」

と思った人もいるかもしれません。「ありがとう」というのは、人から何かをしてもらったときに言う言葉、という思い込みがあるのでしょう。

しかし、実際には、「ありがとう」を言う場面は、ほかにもたくさんあるのです。探してみれば、感謝できる対象は私たちの身の周りにあふれています。

「駅で一瞬ぶつかりそうになった相手が、サッと身をかわして道を空けてくれた」

「つい置きっぱなしにしていた備品を、同僚が片づけてくれていた」

「ゴミを出し忘れたけど、家族が出してくれていた」

そんなふうに、ちょっと意識を変えてみれば、「ありがとう」を言うチャンスは、意外と多くあるものです。

「今日は難しい場面をうまく切り抜けたね。よくがんばってくれて、ありがとう」

そんなふうに、**夜寝る前に、その日一日の自分のがんばりをほめたたえて、「ありがとう」と言うこともできます。**

こうして、「ありがとう」を言うたびに、心の中のプラスのエネルギーは増えていくのです。

そして強い自分になっていくのです。

うらやむ代わりに喜ぶ

仏教に「随喜功徳《ずいきくどく》」という言葉があります。

「他人の幸せを喜んであげるだけで、徳を積むことができる。そうすれば善行の結果として、神仏がその人に恵みを与えてくれる」

という意味です。とてもシンプルで、すぐに実行できることですから、やらない手はありません。

具体的にどうするかというと、知り合いに嬉しいことがあったときに、「良かったね」と言ってあげるだけです。


たとえば、友人が家を新築して自分が招待されたとしましょう。もしかすると、

「うらやましいな。それに比べて私は給料が安いから、家なんて建てられない。自慢したくて、私を呼んだのかな？」

というような嫉妬の気持ちが芽生えるかもしれません。

「こんな大きな家を建てて、ローンは大丈夫なの？」

と余計な心配をしたくなるかもしれません。

しかし、相手が喜んでいるのですから、そんなマイナスな気持ちは捨てて、一緒に喜んであげましょう。


いつも、他人の幸せをうらやましがっていた人が、その考えを捨てて、他人を祝福するようになると、心の状態はマイナスからプラスへと変わっていきます。

意識してみると、何かいいことがあって喜んでいる人は、意外と多く見つかります。

「おめでとうございます。よかったですね」

そう言って、**周囲の人の幸せを自分のことのように喜べる人は、心にプラスのエネルギーが増えるだけでなく、人から信頼され、いい人間関係が広がっていきます。**

そして、心に増えたプラスのエネルギーは、そう遠くないうちに、自分自身が周囲のみんなから「よかったね」と祝福を受けるような、いいことを引き寄せてくれるのです。

人生は、ふだん話している言葉通りになる

グチや悪口は、自分からは絶対に言わない。

これは、心にマイナスのエネルギーを増やさないための基本です。グチや悪口は、マイナスの言葉の代表だからです。

「人生は言葉の通りになっていく」という法則があります。

グチばかり言っている人は、将来もずっと、グチを言いたくなるような人生を送ることになります。

「私には才能がない」と言っている人は、本当は隠れた才能を持っているとしても、「才能がない」と言っている限り、その才能は発揮されないことになります。

そう考えると、今まで言葉を意識せず、ただ思いついた通りに口にしていたのは、あまりにも危険だったといえます。

いいことも悪いことも、言葉の使い方ひとつで変わります。

厳しい上司に叱られたときに、

「課長だけは許せない。あんなヤツの下で働いている限り、いいことは何もない」

と言った人は、実際にその課長の下で働いている限り、つらい毎日を送ることになるでしょう。

一方、上司に怒られても、

「指摘されなければいつまでも気がつかなかったかもしれない。ちょっと悔しいけど、ありがたいな」

と思える人は、本当に怒られたことをバネにして、成長することになるのです。

もし、そこまで前向きな言葉を言うのはムリなら、せめて悪口やグチを言う機会を減らすだけでも、心に与えるマイナスの影響を減らすことができます。

強い心の持ち主は、言葉が心に与える影響を無意識のうちに感じ、否定的な言葉を使わないようにしています。

逆に言えば、今は心がマイナスのエネルギーで一杯の人も、言葉を変えることで、自分自身や、自分の身に起こることを変えていくことができるのです。

成功者の言葉をマネする効果

成功者の言葉をまねすることで、自分に自信をつけることができます。

いってみれば、**自分に暗示をかける**のです。

やり方としては、目を閉じて尊敬する優秀なビジネスパーソンをイメージしながら、

「私は優秀なビジネスパーソンです。だから、この仕事もきっと成功します」

と自分に言い聞かせます。

そのとき、心の中から、「そんなのはムリだ」という声が聞こえてきたら、

「確かに、過去の自分にはできなかったかもしれません。しかし、今の自分なら大丈夫です」

と返事をしましょう。

それを繰り返すと、プラシーボ効果で、本当に自分が優秀なビジネスパーソンに近づくことができます。

プラシーボ効果とは、まったく薬の効果のないでんぷんのような偽薬（プラシーボ）を「よく効く薬だ」と言って患者に与えると、実際に症状が改善されるという現象です。

この効果は薬に限ったことではなく、色々な場面で見られる現象です。


例えば、小学校の生徒たちに、先生が、「君たちは学年で一番いい成績をとった優秀なクラスだ」とウソを言ったら、本当にそのクラスは優秀になったというような報告がなされています。

逆に、有能な人間も、「君はダメなヤツだ」と言われ続ければ、本当にダメになってしまうこともあります。


もともと、難しい仕事を命じられたのは、上司がその人ならできると見込んでのことです。つまり、その人はその仕事をするのに十分な能力を持っているのです。

ですから、やってみればきっとうまくいくはずです。

自信が持てないときは、成功者をイメージし、プラシーボ効果を期待するのも一つの方法といえます。

怒りやイラだちを言葉にしない

言葉は意識していないと、感情につられるままに、口から飛び出してきてしまいます。

イライラしているときには、

「ムカつく！　いい加減にしてよ」

と叫びたくなるでしょう。

常識のない人といて腹が立ったら、

「もう、帰ります。失礼にもほどがある」

と席を立ちたくなるでしょう。

しかし、そんな場面でも、グッとこらえて我慢してみてください。

相手が自分の期待どおりに動かないとき、人は誰でもイライラします。しかし、そこで感情的になれば、その人は自制心のない子供っぽい人だと思われてしまいます。

つまり、感情のままに発言をすると、気持ちはスッキリするかもしれませんが、自分の評価を下げることになってしまうのです。

また、くり返しになりますが、マイナスの言葉は自分の心にマイナスのエネルギーを増やしてしまうというデメリットもあります。

怒りの気持ちやイライラは、大きなマイナスのエネルギーを持っています。それを外に吐き出しても、いいことはひとつもありません。そんなときは、好きなものを食べて心を喜ばせたり、「ムキになるほどのことではない」と割り切ったりして、感情をうまくコントロールしましょう。

ある女性は、**手首に輪ゴムをはめていて、イライラしたときにはその輪ゴムを引っ張って、ピンとはじく**そうです。

すると、その刺激がスイッチの代わりになって、気持ちを切り替えられるということでした。

この女性のように、マイナスの感情をそのまま言葉にするのではなく、自分の中でうまく処理できるようになると、心をプラスの状態に保つことができます。

「どうせ」と「なんて」を封印する

「どうせ、私にはできない」

「私なんて、なんの才能もないし」

こんな言葉が口ぐせになっている人がいます。

そのような、自分を卑下する言葉には、大量のマイナスのエネルギーが含まれています。


自分を卑下するような発言をすると、最初のうちは周囲から、

「そんなことないよ」

「あなたにみんながどれだけ癒されてるか、どう説明したらわかってもらえるかな」

というように、フォローの言葉をかけてもらえるものです。

そうやって周囲の人に励ましてもらいたくて、無意識のうちに自分を卑下する言葉

を口にしている人も多いでしょう。

しかし、そのような下心を持って自分を卑下する発言を続けると、相手にとっても負担になります。なぜなら、自分を卑下する言葉にはマイナスのエネルギーが含まれているため、何回も聞かされていると疲れるからです。

ですから、自分のためにも、周りにいる人のためにも、自分を卑下する言葉は、使うのをやめたほうがいいのです。

そうは言っても、クセが直るまでには時間がかかるものです。

もし、今後、自分を卑下するような言葉を言ってしまったら、心の中で、

「今の発言はキャンセルします」

とすぐに言い直すようにすると、心に与えるダメージが小さくなります。

誰かに励ましてもらったり、ほめてもらったりして、自分を救いあげてもらおうという気持ちは捨てましょう。

自分の心を幸せにするのは自分自身です。他人を頼るのではなく、自分の言葉を変えることで、心は強くなっていくのです。

自分をほめると元気がわいてくる

ある有名なモデルさんが、テレビで言っていた話です。

「ふだんは自信満々なのですが、パリコレなどの世界的なファッションショーでは、世界の一流のモデルたちが集まっているため、自分が見劣りするようで、ものすごく緊張する」と。

そして、そんなときは、控え室で鏡を見ながら、

「私が一番キレイ」

「私が一番輝いてる」

と何度も自分に言い聞かせるそうです。すると、だんだん勇気がわいてきて、本番に堂々と臨めるようになるということでした。

このように、自分の心にプラスのエネルギーを増やすためには、自分で自分をほめることが有効です。彼女は自分をほめることで、心にプラスのエネルギーが増えて、

自信がわいてくるということを無意識のうちに感じとっていたのでしょう。

しかし、私たちはふだん、あまり自分をほめる習慣がありません。

自分なら、「ここをほめられると嬉しい」というポイントもよくわかっていますし、長所もよく知っています。

誰に遠慮することもないし、人目を気にして謙遜する必要もありません。

それなのに、多くの人が謙遜して、遠慮しすぎているのです。

自分をほめるのは、モデルだけでなく、どんな人にも効果がある方法です。朝起きて、歯を磨くときや、トイレで手を洗いながら鏡を見るときなど、自分に向かってほめ言葉をかけるチャンスはいくらでもあります。

自分をほめる習慣を持つと、自分自身で心にプラスのエネルギーを増やすことができ、打たれ強い自分をつくることができるのです。

10章のまとめ

□ 同じ意味でも言い方をプラスにするだけで心は強くなる
□ 自分自身にどんな言葉で語りかけているかをチェックしてみよう
□ ふだんの生活の中で「ありがとう」にできるだけ触れる。自分に対して言ったっていい
□ いいことがあって喜んでいる人に「よかったね」と言える人になる
□ 悪口やグチを言わない、と決める
□ プラシーボ効果を知って、自分に暗示をかける
□ 「イライラ・ムカムカしたら手首の輪ゴムをはじく」など、工夫する
□ ネガティブな口ぐせはすぐには変えられなくても、「言い直す習慣」は、すぐに身につけられる
□ 自分で自分をほめることには大きな効果がある。遠慮せず謙遜しすぎず、自分をほめてあげよう

この章で気づいたこと

おわりに

人の心は本来、やわらかく、折れにくいものです。

その証拠に、赤ちゃんは生まれてから最初に立ち上がるまで、数えきれないほど失敗します。

何度も尻もちをついたり転んだりしますが、「もうやめた」とあきらめる子は一人もいません。立てるようになるまで何度でも挑戦を続けます。

なぜ、そんなことができるのでしょうか?

それは、赤ちゃんが、「立てるようになる」ことに、少しの疑いも持っていないからです。

そして、ようやく立つことを覚えたら、今度は歩くことに挑戦するのです。そこでも何度も失敗をしますが、くじけることなく挑戦を続けます。

人はみんな、そうやってたくさんの失敗を経験しながら、大人になってきました。

それなのに私たちは大人になり、うまくいかないことが続くと、「もうダメだ」とすべてを投げ出したくなる機会が増えてきます。

そして、あと少し続ければ叶ったかもしれない目標を、あきらめてしまうのです。

人生では、つらいことが何度か訪れます。

人間関係やお金の問題、家族間のトラブルや不慮の事故や天災。ときにはそれらが同時期に襲ってきたりします。

問題が起きた直後は、悲しみとショックで涙を流したり、誰かを恨んだり投げやりな気持ちになったりするのは仕方がないと思います。

仕事や人間関係をリセットすることもあるかもしれません。

少しの期間、海の底に沈んだように悩んでみる時期も必要かもしれません。

それでも立ち直れないときは、本来の自分には立ち上がる力があるのだということを、思い出すことが大事です。

生まれたときは、みんな、何も持っていなかったのです。

すべて失っても、命さえあれば、何度でも、立ち上がることはできるのです。

植西 聰

本書は２０１１年に刊行された『「折れない心」をつくる　たった1つの習慣』
（青春新書プレイブックス）に大幅に新原稿・再編集を加えた文庫版です。

青春文庫

「折《お》れない心《こころ》」をつくる たった1つの習慣《しゅうかん》

2018年 1月20日 第1刷

著　　者　植西《うえにし》 聰《あきら》

発 行 者　小澤源太郎

責任編集　株式会社プライム涌光

発 行 所　株式会社青春出版社

〒162-0056 東京都新宿区若松町 12-1
電話 03-3203-2850（編集部）
03-3207-1916（営業部）
振替番号 00190-7-98602

印刷／中央精版印刷
製本／フォーネット社
ISBN 978-4-413-09687-4